共同富裕

战略实施与落地

于海军◎著

光明日报出版社

图书在版编目（CIP）数据

共同富裕战略实施与落地 / 于海军著 . -- 北京：

光明日报出版社，2023.10

ISBN 978-7-5194-7471-3

Ⅰ.①共… Ⅱ.①于… Ⅲ.①共同富裕—研究—中国

Ⅳ.①F124.7

中国国家版本馆 CIP 数据核字 (2023) 第 174990 号

共同富裕战略实施与落地
GONGTONG FUYU ZHANLUE SHISHI YU LUODI

著　　者：于海军

责任编辑：许黛如　　　　策　　划：张　杰

封面设计：回归线视觉传达　　责任校对：曲建文

责任印制：曹　净

出版发行：光明日报出版社

地　　址：北京市西城区永安路106号，100050

电　　话：010-63169890（咨询），010-63131930（邮购）

传　　真：010-63131930

网　　址：http://book.gmw.cn

E - mail：gmrbcbs@gmw.cn

法律顾问：北京市兰台律师事务所龚柳方律师

印　　刷：香河县宏润印刷有限公司

装　　订：香河县宏润印刷有限公司

本书如有破损、缺页、装订错误，请与本社联系调换，电话：010-63131930

开　　本：170mm×240mm

字　　数：190千字　　　　　印　　张：14

版　　次：2023年10月第1版　　印　　次：2023年10月第1次印刷

书　　号：ISBN 978-7-5194-7471-3

定　　价：88.00元

推荐序一

　　窗外的雨终于停了，露出久违太阳的笑脸。江南梅雨季终于过去了，迎接人们的将是火热的夏季。夏季是万物生长最快的季节，也是人们充满活力，撸起袖子加油干的时候。

　　继 2021 年 10 月我的《通证经济引领实现共同富裕》出版后，于老师的续篇《共同富裕战略实施与落地》也即将面市，真是既高兴又欣慰，高兴的是历经一年的劳动终于结出了果实，欣慰的是我们一直没有忘记自己的使命，一直在探寻、思考、实践致富的道路、社会共同富裕的途径。

　　2021 年 4 月，在中国国际经济技术合作促进会杨春光理事长与李高东秘书长的关心支持下，以贯彻落实国务院办公厅《关于以新业态新模式引领新型消费加快发展的意见》的文件精神，成立了中国国际经济技术合作促进会通证经济工作委员会，并有幸担任秘书长，开展了通证经济引领实现共同富裕的布道工作。或许是能量场的感应，2023 年 5 月，在有关部委领导的关心支持下，又兼任了中国民营科技实业家协会共同富裕工作委员会秘书长，使我的工作与共同富裕紧紧联系在一起。

　　首先，共同富裕是我国社会主义制度的本质要求，也是我们共产党人的奋斗目标。其次，共同富裕是防止阶层固化、减小贫富差距的客观要求。最后，共同富裕是完成中华民族伟大复兴的客观要求。本书主要阐述了什么是共同富裕、共同富裕的战略目标与实践路径、如何实现共同富裕等方面，涉及重构收入分配、推进均衡发展、创新共同富裕五大保障制

度、深化社会治理、推动科技进步、坚持扩大开放、加强教育提升生活品质诸多要素，助力共同富裕的实现。

2023 年国务院 1 号公报明确指出，促进形成与数字生产力相适应的新型生产关系，建立共同参与、各取所需、共享红利的发展模式。通证经济的本质是改变生产关系和财富分配的方式，是与共同富裕相匹配的经济形态，是国务院 2023 年 1 号公报精神的落地应用。本人结合通证经济的理论与理念，创新性地提出了"参与商品流通价值分配的共富模型"。

在传统商品流通中，总代理、批发商和零售商参与了商品流通的价值分配。正因为如此，改革开放 40 年来，解决了大量农村劳动力的转移和国企下岗工人的再就业问题，当然也让一部分人先富裕了起来。在传统的模式中，由于消费者不参与商品流通价值分配，因此消费者与经营者成了消费两端矛盾的对立面。消费者希望商品的价格越低越好，经营者则相反。互联网的兴起，无中间商赚差价大行其道，降价、低价等低水平竞争愈演愈烈，导致企业大量倒闭，店铺关门，产业链受到了严重破坏。去中间商赚差价，其实就是把我们自己从商品流通的价值分配中去除了，导致更多的人失业。因为我们大多数人要么是曾经的零售商、批发商或代理商，直接参与商品流通的价值分配；要么是在这些直接参与分配的公司里工作而间接参与分配。正所谓商业的本质是分配，无分配不商业、无分配不就业，无分配不消费。今天社会、经济的现状就是违背了商品承载社会财富分配的价值与使命的结果。

以前，以消费者为代表的普通人做不了代理商、批发商、零售商的事，现在却因物流的兴起和互联网技术的支持而变得可以了。即以前是消费者的消费别人参与分配，而现在是消费者的消费自己参与分配，从纯消费者转变为消费经济者，成为数商。基于此，本人提出了参与商品流通价值分配而实现共同富裕的共富模型。浙江大学数学科学学院对"参与商品流通价值分配的数商共富模式"的数学模型认证的结论是：基于华罗庚管理科学理论，对数商组团生产型销售新模式的研究与大数据计算分析可知，数商组团系统是一种可持续发展的新模式。同时它又是一种能够促进各层次人员逐步提高科学管理水平、促进共富的销售新模式。

最后感谢多年来一直追随相伴的合作伙伴黄莉、应旭斌、俞根洪、叶龙忠、齐小玲，感谢在我身边的秘书处工作人员，感谢协会的所有会员单位支持。

祝大家身体健康如意，企业蓬勃发展。

江俐兵

博鳌全球数字化经济论坛执行秘书长兼主任

九三学社浙江省委经济工作委员会副主任

2023 年 7 月于杭州

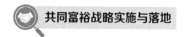

推荐序二

　　共同富裕是我国社会主义的本质要求，也是改革开放启动市场的重要目标，更是我们党和政府的一贯主张和政策。1985年10月23日，邓小平同志在会见美国高级企业家代表团时说，让一部分人先富起来，带动大部分地区，然后达到共同富裕。此后，共同富裕更是成为我国的一个重要的发展战略。"十四五"规划甚至明确提出，"十四五"时期我国居民人均可支配收入增长要"与GDP增长基本同步"，"到2035年，全体人民共同富裕取得更为明显的实质性进展"。党的二十大将"共同富裕"作为2050年实现战略目标，即全面建成富强、民主、文明、和谐、美丽的社会主义现代化国家的一个重要特征。

　　实现共同富裕主要有三个途径：一是引导一部分先富起来的人履行"先富带后富"的职责，带动大家共同富裕；二是由国家或有关部门、地方直接对贫困人口和一些中低收入者发放补贴；三是引导企业更多地创造社会财富，强化共同富裕的物质基础。在三种途径中，引导先富起来的人履行"带后富"责任，即要通过一定的方式，促使一些先富起来的人士通过捐赠、支持公共基础设施建设等方式实现财富的第二次分配，但这种方法影响力十分有限。从国家发放补贴来说，也只能是给贫困人口和部分中低收入者进行补贴，解决不了多大的问题。给大范围的人发放补贴就可能引起通货膨胀，效果可能适得其反。因而真正实现共同富裕最有效的方法，就是引导企业改革机制，创新模式，甚至颠覆理论，以更多创造社会财富，给职工提高工资，为社会多创税赋，并使居民参与交易赚取收益，从而实现共同富裕。最近几年，随着国际环境和国内市场变化，以及双循环新格局的提出，一些企业已经开始在这方面进行研究探索，并取得了积极成效。

于海军先生是一位区块链业务的践行者。他在推动区块链与元宇宙结合的经营中，积极探讨通过消费交易，使参与者在参与消费交易中赚取收益，从而推动共同富裕，这也算是实践本人倡导的"变掏钱消费为赚钱消费"的理念。虽然他的做法只是初步探索，也存在一些问题，但如他所说，能彻底摒弃割韭菜模式，使参与者真正赚到钱。难能可贵的是，他将整个探索做法整理成书，取名《共同富裕战略实施与落地》，想必书中的一些推动共同富裕的原理、方法、做法和案例，对于一些创业者、企业家和消费交易参与者有着一定的参考借鉴意义，希望读者能从本书中吸收到更多的营养。

朱少平

著名经济学家

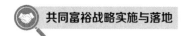

推荐序三

在过去几十年里，中国经济的快速发展给全球带来了广泛的影响。然而，随着经济增长的不断加速，我国社会的贫富分化现象也愈加严重。如何更好地统筹发展和收入分配之间的关系，使各方面利益实现平衡，是我们当前面临的重大课题。为此，我国政府提出了"共同富裕"战略，旨在实现全体人民共同富裕。在这里，我非常荣幸地推荐《共同富裕战略实施与落地》一书。这是一本关于共同富裕战略的重要读物，书中提供了如何实现共同富裕的深入思考和实践经验，对于我们全面认识和深入贯彻落实共同富裕战略具有重要的参考价值。

作为中国特色社会主义事业的重要组成部分，共同富裕战略是建设社会主义现代化强国的必然要求。本书作者对共同富裕进行了系统解读和经济学解析，指出缩小收入差距是实现社会公平正义的应有之义，并通过全面的调研和科学论证，提出了一系列可操作性强的方案和建议。具体包括重构收入分配、推进均衡发展、创新保障制度、深化社会治理、推动科技进步、坚持扩大开放、提升生活品质等。既考虑了经济发展的客观规律，也兼顾了不同群体的利益诉求，努力在效率与公平之间找到平衡点。这些方案和建议不仅有助于实现共同富裕的目标，也对促进社会公平、推动经济发展等方面具有积极的意义。

在这个充满机遇和挑战的时代，实现共同富裕是我们面临的一项紧迫任务。我们需要更多像《共同富裕战略实施与落地》这样的书来引导我们思考并采取行动。本书为我们提供了宝贵的思想启示和实践经验，为我们深入理解和贯彻落实共同富裕战略提供了有力支撑。我强烈推荐这本书，希望它能给读者带来一些深刻的启示和灵感。

王忠平

全国市长研修学院常务副院长

2023 年 8 月于北京

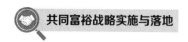

推荐序四

共同富裕是社会主义制度优越性的最好体现，是毛泽东思想的精髓，是党和国家为降低基尼系数、维护社会稳定而力图实现的奋斗目标。

于海军同志以匠心忧天下，以慧眼识未来，以独具的前瞻性和创造性，从社会现实出发，结合党和国家的有关政策法规，对共同富裕从理念到现实，进行了全面且深刻的剖析，并以博大的勇气，身体力行地苦心探索，为解决共同富裕这个复杂的社会问题探索可行的路径。

本书是共同富裕的理论与实践相结合的产物，是作者思想智慧的集中体现，是社会责任感的真实表达，凝聚了作者对人民大众的大爱。

本人作为多年的企业管理者，读此书后深受启发。现在的企业，应紧跟时代步伐，积极响应并推动共同富裕战略政策的落地实施，为实现全民共同富裕贡献自己的一份力量。

付言祥

世界诺丽（山东）生物工程有限公司董事长、文学博士尊敬的读者：

感谢您对《共同富裕战略实施与落地》一书产生浓厚兴趣。在本书中，我将与您分享我多年来在投资和企业创新发展领域的丰富经验和见解，旨在帮助更多的企业家实现共同富裕的目标追求。

作为一个从事早期风险投资的创始合伙人，我始终坚守着对长期价值的追求。在投资的道路上，我深信质量胜于数量，因为每一次投资都代表着对创业者的信任和支持。投资不仅是资金的输送，更是一种责任和使命，是对创新和潜力的认可。我秉持着严格的投资纪律，不断探索新的投资机会，尤其是那些有着长远发展潜力的项目。

企业创新发展是我一直追求的目标。在这个不断变化的时代，企业家需要保持敏锐的洞察力，抓住市场机遇，勇于面对挑战。在我与意大利前总理马泰奥·伦齐共同探讨企业创新发展的经历中，我深受启发。我认识到，企业要实现持续发展，就必须注重品牌建设、文化培育和团队建设。唯有这样，企业才能在激烈的市场竞争中立于不败之地。

回顾多年来的投资实践，我与团队紧密合作，积极寻找那些具有前瞻性和突破性的项目。其中，最具代表性的 Novaverse 元宇宙和天宝华仁等是我特别引以为自豪的投资项目。这些项目展现了创新的力量和活力，它们不仅改变了市场格局，也在引领着行业的发展方向，并且为共同富裕的

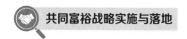

愿景贡献了力量。

本书是我倾注心血的结晶，我希望通过本书，能够与更多的企业家分享我的经验和思考。在撰写本书的过程中，我深思熟虑，认真总结，探索共同富裕战略实施与落地的切实可行的方案和方法。我将结合自己的亲身经历和成功实践，为读者呈现翔实的案例和操作指南。我坚信，只要我们紧密团结、同心勠力，就能够实现共同富裕的宏伟目标。

经验是最好的老师，可是成本和时间太昂贵，但好在有这本我利用自己几十年经验写作的有关如何实现共同富裕的书籍，它能避免您踩坑和蹚雷，如果您愿意静下心来好好阅读本书，那么定会受益匪浅。

在这里，我要衷心感谢您对本书的喜爱，希望它能为您带来启示与帮助，成为创业路上的得力助手。让我们携手，一起追求共同富裕的梦想；让创业的火种燃烧不息，绽放出更加灿烂的光芒！

再次感谢您，期待与您共同见证企业创新发展、国民共同富裕的美好未来。

于海军

共同富裕，是中国特色社会主义的本质要求，是中华民族的优秀传统，是全体人民共同的愿望和追求。共同富裕不意味着平均分配，也不是追求绝对的社会平等。它强调的是全民都能分享经济发展成果，产生合理且自由的收入分配，实现财富增长比例相对满意。在中国共产党的领导下，我国成功地实现了从封建社会向社会主义社会的过渡，实现了从贫困落后向繁荣富强的历史性跨越。然而，随着经济社会的发展，新的问题和挑战也层出不穷。为了更好地推进共同富裕战略，我国政府提出了一系列积极的政策措施，取得了显著的成效。

《共同富裕战略实施与落地》一书，是对中国共同富裕战略的深入研究和实践总结，是一份具有重要参考价值的文献资料。本书对共同富裕战略的实施和落地进行了系统的梳理和分析，从理论和实践两方面进行了深入探讨。在理论层面，对共同富裕的内涵和实现路径进行了详细的阐述，对共同富裕与改革开放、可持续发展等方面的关系进行了深入剖析。在实践层面，通过对中国共同富裕战略的各项政策措施的具体实施情况进行全面梳理和总结，对共同富裕战略实施的成果和问题进行了深入的分析与研究。

共同富裕是一个复杂而又系统的过程，需要全社会的共同努力才能实现。本书为我们更好地了解共同富裕战略的实践提供了重要的参考和借鉴。通过阅读本书，我们可以深刻认识到共同富裕战略的重要性和紧迫性，更加深入地了解到中国共同富裕战略的历史背景、理论基础和政策措施。

在本书中，我们可以看到，共同富裕战略的实施需要全社会的共同努力和协作。政府需要出台一系列积极的政策措施，推动社会各方面的资源向共同富裕方向倾斜，为全体人民创造更加公平的发展机会。同时，企业、社会组织和个人也应当积极参与共同富裕战略的实施，为推进共同富裕事业贡献自己的力量。

本书不仅对共同富裕战略进行了深入解读，还对一系列关键问题进行了系统的分析和研究。例如，如何重构收入分配，让百姓"钱袋子"鼓起来？如何推进均衡发展，在协调性均衡发展中实现共同富裕？如何深化社会治理，奠定共同富裕的社会基石？如何推动科技进步，通过技术创新赋能共同富裕？等等。这些问题都是共同富裕战略实施中需要解决的难题，本书对这些问题进行了深入的剖析和探讨，为我们更好地推进共同富裕战略提供了重要的思路和方法。

科技进步和国际合作鲜有争议地被认为是促进共同富裕的重要动力。本书介绍科技进步如何赋能共同富裕，通过高新技术降低成本和扩大市场，有效提高群众收入水平。同时也论证了在不断开放的大环境下，共享世界资源和市场，才能更快地实现中国的共同富裕愿景。此外，本书还特别强调了坚持扩大开放、高水平开放助力实现共同富裕的重要性。在当前全球化和经济全球化的背景下，推进开放合作是国家发展的必由之路。中国的开放程度不断提高，为全球经济增长和发展注入了巨大的动力。在推进共同富裕的战略实施中，中国需要进一步加强与世界各国的合作，积极推进区域合作和全球治理，共同应对全球性问题和挑战，实现更加公正和可持续的发展。

在本书中，还介绍了一些成功的共同富裕实践案例。例如，精准扶贫是中国共同富裕战略的重要组成部分，本书介绍了精准扶贫的实践案例，展示了中国在脱贫攻坚方面所取得的显著成效。这些成功的实践案例，为我们提供了宝贵的经验和启示。不同地区的情况各异，共同富裕的具体路径依然需要不断完善，但要始终坚持这一目标。对我们国家而言，只有实现真正的收入合理分配、更大的福利共享，才能走向和谐繁荣。

总之，本书通过分析多方面内容，开阔了视野，给我们带来了启示，有助于推动共同富裕进程更为理性和有效地实施与落地。最后，希望本书能为推动我国实现共同富裕这个宏伟目标做出积极贡献，让全体人民共享改革发展成果，共创美好未来。

目 录

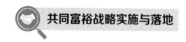

第六章
推进均衡发展，在协调性均衡发展中实现共同富裕

第七章
创新保障制度，共同富裕五大保障制度诠释

第八章
深化社会治理，奠定共同富裕的社会基石

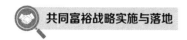

第十二章

走向共同富裕优秀案例

第一章
共同富裕的系统解读

共同富裕指的是全体国民在物质生活和精神生活上的全面富裕。这无疑是一个系统性的议题。我们讨论"共同富裕战略实施与落地",就要了解共同富裕的历史渊源、基本定义、鲜明特质、科学内涵和重大意义这五方面的内容。这些方面相互依存、相互贯通,共同组成了一个完整的共同富裕体系。

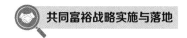

共同富裕的历史渊源

中国共产党着眼于建立一个共同富裕的社会，为实现这一目标付出了不懈努力而且将继续奋斗，因为实现共同富裕符合社会主义本质并体现了将人民利益放在首位的初衷。

1. 共同富裕的思想源流

对人类来说，实现共同富裕是一个崇高的愿景，古代中国的民本思想和大同思想表达了人们对这个愿景的渴望。马克思主义关于未来社会的想象激发了共同富裕概念的产生，而中国共产党在实现共同富裕道路上的探索和实践，正在让这个美好的愿景逐渐变成可触摸的现实。

共同富裕的概念与中国古代那种富庶社会的愿景有本质联系。在中国古代，富庶社会的想象，源自中国持续力和影响力惊人的"民本"思想与"大同"思想，反映了中国人渴求建立人人平等、共享繁荣的理想社会的美好愿望。

马克思和恩格斯在论著中虽然并没有直接使用"共同富裕"这个概念，但是他们关于共产主义社会的科学预言，本质上预示了共同富裕这个理念。在《共产党宣言》中，马克思和恩格斯讨论了"自由人联合体"的观念。马克思在《1857—1858年经济学手稿》中指出，新的社会制度将"使所有人都变得富足"。马克思主义对未来社会的科学预测，对共同富裕理念的树立起到了积极的作用。

共同富裕丰富于中国共产党的实践探索之中。中国共产党在革命、建设和改革的不同历史发展阶段，对共同富裕理论和实践进行了艰辛的探索，不仅极大地丰富和发扬了马克思主义理论，形成了中国特色社会主义理论，也取得了丰硕成果，为实现共同富裕积累了宝贵的理论基础和实践经验。这是我们最终实现共同富裕的重要基础。

2. 共同富裕的提出和发展

自新中国成立以来，中国共产党关于如何实现共同富裕的理解日益深刻。从最初提出共同富裕，到逐步丰富和扩展共同富裕的概念和范围，我们在取得共同富裕目标的途径和措施上积累了越来越丰富的实践和经验，并创造出符合中国国情的共同富裕的道路。特别是党的十八大以后，中国共产党给予实现共同富裕以更高的优先地位，并采取了一系列有力的举措来保障和改善民生，稳步推动共同富裕。

"共同富裕"这个概念最早出现在1953年12月毛泽东亲自参与起草并通过的《中共中央关于发展农业生产合作社决议》中。1955年10月，正当社会主义改造接近完成时，毛泽东站在"掌握自己命运"的高度，首次将实现共同富裕的目标与中国即将建立的社会主义基本经济制度相结合，预示了我们朝着共同富裕迈进的初步思路和方式。

随着改革开放全面展开，邓小平丰富和发展了共同富裕理论。他指出贫穷不是社会主义，允许部分地区和个人先富起来，进而帮助后富的地区和人富起来，最终实现共同富裕。邓小平从社会主义本质上明确了共同富裕作为社会主义优越性的内涵，指出了实现共同富裕的具体途径，回答了"什么是共同富裕"和"如何实现共同富裕"这两个问题。在邓小平理论的指引下，全体人民解放思想、大胆实践，开始了"如何富起来"的探索，逐步实现了人民生活水平从满足温饱需要走向基本小康乃至全面小康，为实现共同富裕奠定了坚实的物质基础。

党的十四届三中全会进一步明确了"鼓励部分地区和个人先富起来，

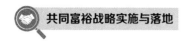

走向共同富裕"的道路。江泽民强调在做好公平与效率兼顾的前提下，从坚持和发展中国特色社会主义制度的高度来看，实现共同富裕是社会主义的根本原则和本质特征，绝不能动摇。胡锦涛将实现共同富裕与人的全面发展联系起来，提出科学发展观，强调以人为本和科学发展，使全体人民共享改革发展成果，稳步走向共同富裕。

自党的十八大以来，以习近平同志为核心的党中央把实现共同富裕目标与实现中华民族伟大复兴的历史使命紧密联系起来，不断深入理解中国特色社会主义发展规律，对实现共同富裕目标做出全面部署。带领全党全国各族人民，继续解放思想，坚持改革开放，不断提高社会生产力，努力解决群众的生产生活困难，坚定不移地走共同富裕之路。2021 年以来，从将"全体人民共同富裕迈出坚实步伐"作为"十四五"经济社会发展的目标，到出台《关于支持浙江高质量发展建设共同富裕示范区的意见》等政策和措施，从中央财经委员会第十次会议对"十四五"期间实现共同富裕目标的描述，到将共同富裕写入习近平新时代中国特色社会主义思想，共同富裕目标逐渐由抽象转向具体化。

共同富裕的基本定义

共同富裕是指在经济发展过程中，要实现全体人民共同富裕，消除贫困和贫富分化，促进经济社会可持续发展，实现全面建设社会主义现代化国家的目标。

1. "共同富裕"与"平均主义"的根本区别

从经济学角度来说，共同富裕中的"富裕"二字，指的是拥有金钱、财产（如房产和土地）的数量多；"共同"则说明富裕实现的范围，即指社会上所有成员。共同富裕之所以重要，是因为私有制往往导致分配不均和两个极端。正因为如此，在中国的社会经济发展过程中，共同富裕已经成为一个重要的理念、目标和指导思想。

共同富裕意味着最终实现全体人民富裕，但并不意味着"同时富裕""同步富裕"或"同等富裕"。也就是说，我们应该允许部分地区和个人先富起来，且这些先富的地区和个人可以帮助那些后富的地区和个人，这样才能逐步实现共同富裕。因此，声称共同富裕就是同步富裕或绝对平均主义的观点是片面、错误的。

在很多方面，"平均主义"与"共同富裕"差异巨大。平均主义过分强调同步性和平均分配，但忽略了提高生产力。历史事实已经证明，实现平均主义是极其困难甚至是不可能的事情。相比而言，"共同富裕"更重视减少分配差距，并以提高生产力为前提。事实证明，如果理念正确、方法得当，那么共同富裕是可以逐步实现的。

马克思认为，在共产主义社会，共同富裕将分为两个阶段：初级阶段依靠社会化生产资料基础，通过按劳分配实现消费平等；高级阶段根据个人需求实行分配，实现个人发展。基于马克思的观点，在当下的初级阶段，真正意义上的"共同富裕"不强求同步，而是允许部分先富带动后富，并加强后富的力度，来逐步缩小富裕差距。

2. 共同富裕的三个重点问题

中央财经委员会第十次会议对共同富裕问题进行了专题研究，从多方面揭示了重点。

第一，回答了"共同富裕是什么"的问题。我们已基本全面建成小康社会，但发展仍然不平衡，存在很多问题。我们要继续兼顾做大蛋糕和分好蛋糕，推进高质量发展，大幅提高城乡居民收入，逐步缩小差距，绝不

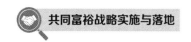

能形成两极分化。共同富裕是全体人民的富裕，不是少数人的富裕；是人民在物质生活和精神生活上的双向富裕，而不是仅在物质方面富裕而精神上空虚；它存在一定差距，但不是平均主义式的同等富裕。

第二，解决了"如何实现共同富裕"的问题。实现共同富裕要依靠共同努力，这是根本途径。我们要鼓励勤劳致富、创新致富，鼓励辛勤劳动、合法经营、敢于创业的致富带头人。我们也要允许部分人先富起来，利用先富带动后富的机制。在发展的同时保障和改善民生，通过提高受教育程度和提升发展能力，为更多人创造致富机会。我们要全面推进基本公共服务均等化，但不能滑向福利主义。我们要建立初次分配、再分配和第三次分配相协调的制度机制，通过扩大税收、社会保障和转移支付等手段扩大中等收入群体，形成中间大两头小的分配结构。第三次分配应该是自愿性的，国家税收政策要给予适当激励，通过慈善等方式改善分配结构。

第三，实现共同富裕是一项长期、艰巨而复杂的任务。共同富裕具有长期性、艰巨性和复杂性的特点，要充分认识到这些特点。当前，我们仍处在全面建设社会主义现代化国家的进程中，要从全面小康过渡到共同富裕，从中等收入国家发展成高收入国家，实现共同富裕。这是一个不断向前发展的过程，无法一蹴而就，也无法齐头并进。因此，我们要坚持进步而稳定的方式，一点点积累成果，一件事接一件事地做好，年复一年地努力，在新时代促进人的全面发展并真正实现共同富裕，取得实质性进展。

共同富裕的鲜明特质

共同富裕具有五大鲜明特质，即全民性、全面性、共建性、渐进性以及制度的根本性。只有准确理解这些特质，才能基于此制定切实可行的目标与政策，避免片面理解和急功近利，从而推动共同富裕的实现。

1. 全民性：共同富裕的主体是全体人民

从近现代以来中国的实践看，马克思主义者和共产党人在共同富裕的理论和实践方面做出了开创性探索，强调发展必须为人民着想，依靠人民参与，发展成果由人民共享。

共同富裕体现了马克思主义关于人民本质和目标的看法。新中国成立伊始，我们党就强调人民至上，将"为人民服务"作为宗旨。

在改革开放的进程中，我国一方面打破平均主义；一方面继续探索如何实现共同富裕。在实现小康社会的过程中，我们靠社会主义制度使所有人都享受到了发展的成果。

进入新时代后，以习近平同志为核心的党中央始终把人民利益放在第一位，坚持以人民为中心的发展思想，以全体人民为依归，确保包括每个人和地区都实现富裕。

2. 全面性：是物质和精神都富裕

共同富裕不仅仅是一个经济问题，而且涉及更多方面。它本质上与公平和分享关系密切，体现在人的全面发展与制度选择上。虽然共同富裕以物质富裕为基础，但仅有物质生活不足以满足人的需求，人的需求同样包括精神层面的富裕。高水平的物质文明与精神文明是实现共同富裕的关键，也是符合以人为本的现代化要求。

共同富裕的内涵广泛，不仅包括物质方面，还包括精神方面，主要有人们获得感、安全感以及幸福感的需要。这些需要来自工作、收入、教育、社会保障、医疗、住房等方面生活水平的保障。总的来说，共同富裕涵盖社会主义现代化建设的各个领域。建设方面是推动共同富裕的基础，共同富裕则体现在发展成果的共享上。物质和精神的双重富裕将在人的全

面发展和中国式现代化进程中得到统一。

3. 共建性：共同"做大蛋糕"和共同"分好蛋糕"

改革开放以来，我们采取先让部分人和部分地区富起来，然后通过先富带动后富，达到共同富裕。这符合事物发展规律和经济学原理。例如，让沿海地区率先开放发展，再通过其带动中西部地区。当然，帮扶不能只是单纯地输血，而应激发内在动力，改善共同富裕环境和政策。通过改善基础设施、科技发展、教育发展、医疗建设和社保体系等措施，让更多人通过劳动和合法经营实现共同富裕。

因此，共同富裕是通过共同努力实现的，需要每个人的参与和付出。那种主张"同时富裕、同样富裕""等、靠、要"的想法以及平均主义想法与共同富裕理念不符，都是不可取的错误观念。

4. 渐进性：共同富裕是一个长期理想和奋斗目标

我国仍处在社会主义初级阶段，不能超越这一阶段去做事，但也不能不作为，应做出能力范围内的努力，一步一步朝共同富裕目标前进。应清醒认识共同富裕的长期性，同时也看到它的必要性和可实施性。既要大力宣传共同富裕理念，也要将其落实在具体领域。

当前突出的任务有三方面：一是促进创业创新和高质量发展，带动更多人就业致富。二是扩大中等收入群体，增加低收入者的收入。三是推进农业发展和农村改革，增加农民财产收入，实现农民共同富裕。总的来说，我们应做好当前能力范围内的工作，通过积累逐渐实现共同富裕。

5. 制度的根本性：建立健全更有效的制度

制度是实现共同富裕的关键因素。社会主义开辟了实现共同富裕的道路，但仍需完善相关制度来实现目标。

首先，通过制度完善，杜绝权力腐败，根除资本垄断，这是实现共同富裕的首要任务。城乡和地区之间的收入差异属正常现象，但公众能接受的分配差异存在限度。只要是通过辛勤劳动和合法经营获得的收入，社会通常能接受。那些通过复杂劳动获得较高收入的群体，收入差异有其合理性，不会导致严重的两极分化。

其次，通过制度完善，实现高质量可持续发展，这是实现共同富裕的关键之一。只有高质量发展，共同富裕才能逐步实现。共同富裕的本质在于共建与分享、公平正义、人的全面发展。我们应当从提升发展水平入手，不断推进共同富裕。高质量推进五大文明（物质文明、精神文明、政治文明、社会文明、生态文明）协调发展与"五位一体"（经济建设、政治建设、文化建设、社会建设和生态文明建设）总体布局，落实四个全面战略（全面建设社会主义现代化国家、全面深化改革、全面依法治国、全面从严治党），完善相关制度与政策，这是推进共同富裕的根本要求。我们要持续改善和推进社会建设与现代化建设，才能实现共同富裕理想。构建有利于高质量可持续发展的制度对此至关重要。

最后，针对财富的三次分配，建立和完善相互协调促进的制度。在初次分配方面，市场机制应发挥最大作用。完善各生产要素的报酬机制，坚持多劳多得，提高劳动报酬。在第二次分配或再分配方面，政府应发挥重要作用。构建公共政策体系，完善再分配调节机制，通过增强基本公共服务来促进第三次分配。其中，社会组织、企业和个人应发挥重要作用。发展社会公益事业，鼓励富裕者自愿帮助贫困阶层，改善他们的生活。总的来说，完善三次分配机制对于推动共同富裕很重要，需要市场、政府和社会组织各司其职，共同努力。

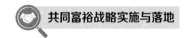

共同富裕的科学内涵

党的二十大报告中强调了"中国式现代化是全体人民共同富裕的现代化"这一重要观点，深刻揭示了中国特色社会主义、中国式现代化的本质要求，集中阐明了共同富裕是中国式现代化的科学内涵。促进共同富裕的实现，就要深刻理解共同富裕的科学内涵，来推动中国式现代化的高质量发展。

1. 共同富裕在生产力和生产关系上的科学内涵

共同富裕概念在生产力和生产关系上的内涵具有科学性。"富裕"体现社会对财富的拥有，表明了社会生产力的发展水平；"共同"体现社会成员对财富的方式，反映了生产关系的属性。而这两方面恰恰是社会主义的本质要求和奋斗目标。因此，共同富裕所涵盖的生产力和生产关系两方面，从本质上确定了其在社会主义理想中的地位。

2. 共同富裕是"共同"和"富裕"的有机统一

共同富裕中的"共同"指明富裕实现的范围，"富裕"则指生活水平。共同富裕作为社会公平的基础，不会产生绝对均富，只能在普遍富裕的基础上达到有差别的富裕。人们因素质和社会贡献的不同，在财富占有上必然存在差异。只有承认差别富裕，才能激发人们发展经济的积极性；只有实现差别富裕的示范，才能促进更高水平的普遍富裕。

3. 共同富裕 = 物质财富 + 精神财富

共同富裕以物质富裕为基础，这是其最基本的内容。然而，仅有物质富裕还不能与现代文明相匹配。高度的物质文明和精神文明是中国现代化和共同富裕的重要部分。物质生活的富裕、精神生活的丰富与个人文明素质的提高相结合，才是真正的共同富裕。只有从这个高度认识共同富裕，才能体现社会主义的本质要求和根本目标。

从物质与精神的关系来看，物质生活是人的基础，也是实现共同富裕的基本内涵。精神生活与社会生活必须建立在物质生活的基础之上。然而，共同富裕不仅要求物质生活的改善，更重要的是物质和精神生活的协调发展，如此才能实现全面提高人们的生活水平。随着物质生活的富足，精神生活将成为决定人们富裕和幸福程度的关键因素。精神生活可指导形成文明生活，也支持提供富裕生活的闲暇时间。精神富裕不只与物质富裕相关，也是构成社会主义综合国力的重要部分。总之，虽然物质生活是共同富裕的基础，但只有将精神生活与之协调发展，才能实现真正的共同富裕。

4. 共同富裕是部分到整体的逐步富裕

逐步富裕其实包含两个意义：一是从历史进展的纵向看，实现共同富裕需要分阶段进行，这是一个物质积累的过程；二是从某一发展阶段的横截面看，允许部分人和地区通过劳动和经营先富起来，然后带动和帮助更多乃至全国各族人民富裕起来。这表明，实现共同富裕是一个动态的非同步的进程。部分先富才可带动全体人民共同富裕。

要实现逐步富裕，方向方法上应该主要包括以下几方面：一是在区域经济发展方面，要鼓励先行地区更快发展，率先基本实现现代化，带动全国整体发展；同时要大力帮助欠发达地区，特别是西部地区加快发展。二是在个人收入分配方面，要坚持劳动等生产要素按贡献分配的原则，以效率优先兼顾公平。初次分配强调效率，让一部分人先富起来，反对平均主义；再次分配强调公平，加大政府调节力度；三次分配依靠慈善方式。三是在处理不同行业、不同群体的收入方面，要进一步规范分配秩序，调节垄断行业收入，扩大中等收入群体的比重，提高低收入者的收入水平。

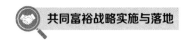

5. 共同富裕是一个从低层次到高层次的过程

共同富裕不是社会主义社会的终极目标，不是社会主义发展的全程描述，而是对社会主义公平和理想的一种概括。这是因为，共同富裕不是一个固定不变的模式，而是一个动态的过程，需要不断充实新的内容。共同富裕强调的是从贫穷到日益丰足的过程，最终要实现高层次的共同富裕。如果说终极目标，那就是社会主义要把人类引入共产主义时代的高层次共同富裕，我们当下所说的共同富裕只是对当下的普遍情况来说的。

共同富裕的动态过程性，也来自人类追求富裕生活的本性。人类渴望未来和理想，这推动了社会的不断发展。人类历史在一定意义上就是一部追求富裕的历史。所谓理想，当下是实现基本共同富裕，未来就是追求高层次共同富裕。只要人类存在，对富裕的向往和追求就不会终止。同时，人类对富裕生活的渴望也会推动共同富裕不断向更高、更深层次发展。

共同富裕的重大意义

实现共同富裕是中国经济发展取得巨大成就之后的必然转向，它对于坚持社会主义制度、实现中华民族伟大复兴、筑牢党的执政基础、走好中国式现代化新道路、体现以人民为中心的发展思想、应对百年未有之大变局等都具有重大意义。

1. 符合社会主义的本质要求

中国特色社会主义作为共产主义运动的一个重要组成部分，坚持实现人类解放和每一个人自由全面发展的价值理念。实现共同富裕是社会主义的本质要求，因此在中国特色社会主义中具有重要的意义。

在一百多年前，马克思通过逻辑和事实证明了生产社会化与生产资料私人占有之间的矛盾是资本主义制度不可避免的经济危机的根本原因。这一矛盾正是资本主义无法解决的内在缺陷。马克思对未来社会的思想，特别是关于共同富裕的理念，为社会主义制度提供了重要的理论指导。共同富裕的概念首次出现在马克思对"两极分化"的批判中。在《政治经济学批判（1857—1858 年手稿）》中，马克思对未来社会进行了前瞻性描述，认为社会生产力的发展将非常迅速，生产将以所有人的富裕为目的。这表明，共同富裕是马克思关于社会主义制度设想的本质特征，也是社会主义制度实践的指南。

在中国特色社会主义中，共同富裕的理念得到了深入发展和实践。中国特色社会主义强调把马克思主义的普遍原理与中国的具体实际相结合，不断与时俱进。在这个过程中，中国积极倡导实现人类解放和每个人自由全面发展的价值理念，将共同富裕作为社会主义的本质要求。在新时代，中国特色社会主义将继续秉持马克思主义的世界观和方法论，紧紧依靠人民，把马克思主义普遍原理与中国具体实际相结合，不断推进改革发展。在这个过程中，共同富裕的理念将继续发挥重要作用，引导社会主义制度实践，为推动人类进步和社会发展贡献力量。

2. 推动实现中华民族伟大复兴

中国的历史上经历了内忧外患、山河破碎的民族苦难，但是中国人民从未放弃实现中华民族伟大复兴的梦想。实现国家繁荣、全体人民共同富裕是中华民族伟大复兴的重要内容，共同富裕更是实现中华民族伟大复兴的必由之路。

中国改革开放以来，鼓励一部分地区、一部分人先富起来，鼓励先富带后富，这是为了最终实现共同富裕。在过去的几十年里，中国取得了惊人的发展成果，消除贫困和经济发展的速度前所未有，不仅使中国人民的生活水平得到了显著提高，也为世界经济的增长做出了重要贡献。但是，中国的发展还存在着不平衡、不协调、不可持续的问题，在城乡、地区、收入等方面仍存在着巨大的差距，因此，共同富裕是一个长期的过程，需要不断地努力，才能实现真正的共同富裕。

共同富裕不仅是经济上的共同富裕，还包括政治、文化、社会等各个领域的共同富裕。我们需要继续加强制度建设和社会保障体系建设，推进教育、文化、卫生等公共服务均等化，使每个人都能够享有公平、公正、公开的机会和待遇。在新的历史时期，我们要继续推进改革开放，继续加强党的建设，为实现中华民族伟大复兴而不懈奋斗。

3. 为党的长期执政夯实基础

中国共产党能够长期执政的根本原因在于，能够及时做出政策调整和制度安排，从而不断扩大党的执政基础。而党的执政基础，最核心的是人民，只有得到人民的支持，党才能够执政，才能够执好政。因此，实现共同富裕不仅是经济问题，而且是关系党的执政基础的重大政治问题。

改革开放以来，我国社会结构发生了深刻变化，只有客观、全面地认识和对待社会结构出现的新变化，并处理好各阶层的利益关系，才能够巩固我们党的执政地位；必须积极主动地统筹兼顾各方面的利益关系，最广泛充分地调动一切积极因素，团结一切可以团结的力量，才能壮大党的执政基础。实现共同富裕，就是要防止社会阶层固化，畅通向上的流通渠道，给更多人创造致富机会，形成人人参与的发展环境，让社会各个阶层普遍受益，让全体人民过上美好生活。只有这样，才能够实现全面小康，推动社会经济持续健康发展。

在实现共同富裕的过程中，应该以人民为中心，注重发挥市场在资源配置中的决定性作用；同时注重政府的调节和引导作用，以充分调动社会各方面的积极性和创造力。同时，还应该注重建立健全社会保障体系，完善收入分配制度，加强教育、医疗等公共服务，提高人民的获得感和幸福感，增强人民对党和政府的信任和支持。

4. 助力中国式现代化行稳致远

从各国发展历史看，富裕是各国现代化追求的目标。然而，一些发达国家工业化搞了几百年，但由于社会制度原因，到现在共同富裕问题仍未解决，贫富悬殊问题反而越来越严重。因此，中国在实现共同富裕方面必须坚持中国式现代化新道路。

我国是一个拥有 14 亿多人口的大国，如此巨大的人口体量整体迈入现代化并逐步实现共同富裕，在世界发展史上是前所未有的。也正因我国人口规模众多，实现共同富裕必须坚持中国式现代化新道路。中国的现代化道路在很大程度上与西方发达国家不同，中国要实现现代化，必须处理好发展经济和改善人民生活的关系。因此，中国式现代化必须注重共同富裕，而不是简单地关注经济增长，这样才能够实现社会的和谐稳定和长治久安。

5. 体现以人民为中心的发展思想

我们党从成立的那一天起就一直坚持以人民为中心的发展思想，始终把人民的利益放在首位。尤其是在新时代，更注重充分发挥人民的主体作用和创造力，促进全体人民共同富裕，新一代领导集体彰显了正确的发展观和现代化观。

改革开放以来，我们党深刻总结历史经验，认识到贫穷不是社会主义，应允许一部分人、一部分地区先富起来，推动解放和发展社会生产力。党的十八大以来，以习近平同志为核心的党中央把逐步实现全体人民共同富裕摆在更加重要的位置，采取有力措施保障和改善民生，打赢脱贫攻坚战，全面建成小康社会，为促进共同富裕创造了良好条件。当前，实现共同富裕需要我们不断适应我国社会主要矛盾的变化，更好地满足人民日益增长的美好生活需要。只有坚持以人民为中心的发展思想，在高质量

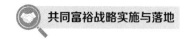

发展中促进共同富裕，才能够汇聚起 14 亿多中国人民的磅礴力量，为人民谋幸福，为民族谋复兴，为世界谋大同。

6. 应对百年未有之大变局

当前，全球正经历百年未有之大变局，不同国家和发展制度之间的竞争越来越激烈，世界经济、产业、贸易格局出现了深层次调整。在这种背景下，共同富裕是中国特色社会主义制度的最大优势，也是本质特征，更是西方发展制度无法解决的价值取向缺陷。因此，实现共同富裕将成为我国成功应对此次百年未有之大变局的关键因素。

事实上，西方资本主义制度一方面吸收了大量的马克思主义和国家福利主义的内容并形成了各有特点的资本主义发展制度。这些国家在很长时间内成为世界其他国家向往的发展制度和发展模式。尤其是在应对经济危机的过程中，西方国家通过吸收社会主义思想，加强国家干预和社会保障等措施，局部稳定了经济发展周期，也创造了极为发达的生产力。另一方面，随着中国等新兴国家的崛起，全球经济、产业、贸易格局开始大幅度调整，西方资本主义制度的局限性逐渐显露出来。

在这种情况下，中国特色社会主义制度在保持经济发展速度、增加居民收入水平、推动产业升级、维持社会稳定等方面表现出色。尤其是在扶贫领域取得了圆满成功，证明了中国特色社会主义制度的优越性。在中国特色社会主义制度下，中国实行基本公共服务的均等化，实行贫困地区和贫困人口的精准扶贫政策，推进产业扶贫和生态扶贫等，取得了显著的成效，为全球减贫事业贡献中国智慧和中国方案。在消除贫困的同时，中国特色社会主义制度也特别注重解决发展不平衡问题，特别是在促进区域协调发展和城乡一体化发展等方面取得了重大进展。所有这些，都已经成为其他国家学习的榜样。无论是在当下还是从长期来看，共同富裕都将有助于我们应对百年未有之大变局。

第二章
共同富裕的经济学解析

　　实现共同富裕靠的是高质量发展和统筹协调，这就需要坚持以经济学为指导，从经济学的视角来认识和解决相关的经济问题，并在实践中通过多种手段进行协同推进。具体来说，要通过经济增长、公平分配、转变发展理念、调节市场、激发经济活力和转变政府职能等多种要素的有机结合，才能推动共同富裕的实现。

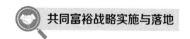

共同富裕与经济增长率的关系

共同富裕首先要努力实现经济潜在增长率，但共同富裕和经济增长率之间存在复杂的关系，它们并不总是相互依存的。尽管经济增长率可以促进富裕程度的提高，但它并不一定总是可持续和具有长期效益的。

1. 经济增长率可以促进富裕

经济增长率和富裕之间的关系是一个复杂的话题，其中一个重要的方面是经济增长率是否促进共同富裕。

经济增长率通常被认为是提高国家富裕程度的关键因素之一。在经济增长的过程中，国家的 GDP 增长，就意味着国家的总收入增加了，同时也意味着国民的收入和就业机会增加了。这些因素都有助于提高人们的生活水平和财富。因此，经济增长率可以被认为是富裕程度提高的一个重要因素。

例如，随着经济增长，国家将能够提供更好的教育和医疗保健，提高人民的生活水平和健康状况。此外，经济增长还可以创造更多的就业机会，提高人们的收入水平，从而使人们享受到更高的生活质量和拥有更多的消费选择。此外，经济增长还可以带来更多的投资和创新，促进科技、文化和艺术等领域的发展。这些投资和创新有助于创造更多的工作机会，并可以提供更多的资源和机会，来提高人们的生活水平和富裕程度。

然而，需要注意的是，经济增长并不总是能够实现富裕程度的提高。例如，在某些情况下，经济增长可能会导致不平等分配财富的问题，使得只有少数人受益，而大多数人的生活质量并没有得到实质性的改善。此外，在一些情况下，经济增长可能会导致环境破坏和资源枯竭等问题，从而影响国家的可持续发展和富裕程度。

2. 富裕可以促进经济增长率的提高

要解答这个问题，需要从两方面来看。一方面，富裕的国家可能比贫困的国家更容易实现经济增长，因此富裕程度可以被认为是经济增长率提高的一个因素。

富裕的国家通常拥有更多的资源和资本，这些资源和资本可以用于投资技术和基础设施的建设。这些投资可以带来更高的生产力和经济增长率，例如，富裕的国家可以更容易地投资于新技术的研发和应用，以促进生产力的创新。此外，富裕的国家还可以更容易地投资于基础设施建设，如公路、桥梁、机场等，以提高生产力和促进经济增长。

富裕的国家通常拥有更好的教育和卫生保健系统，这些有助于提高劳动力水平和生产力。例如，富裕的国家可以更容易地提供高质量的教育和培训，以提高劳动力的技能和知识水平，以此促进经济增长。此外，富裕的国家也可以更容易地提供高质量的卫生保健服务，以降低疾病和健康问题对经济的影响，并促进人们更积极地投入生产劳动。

富裕的国家通常可以更容易地吸引外国投资和国际贸易。外国投资可以带来更多的资金和技术，促进产业升级和技术创新，从而实现经济增长。此外，国际贸易可以促进经济发展，增加国家的收入和就业机会。富裕的国家通常拥有更好的贸易环境和更多的贸易伙伴，因此更容易从国际贸易中获益。

另一方面，富裕并不总是能够实现经济增长率的提高。例如，在有的情况下，富裕的国家可能存在经济结构不合理、社会不公平等问题，进而限制经济增长率的提高。

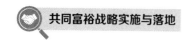

3. 富裕和经济增长率并非双向的

富裕和经济增长率之间不是简单的因果关系，这是因为它们之间存在着复杂的相互作用和反馈机制。

富裕和经济增长率之间存在着相互促进的关系。富裕的国家通常拥有更多的资源和资本，可以更容易地投资于技术和基础设施，并拥有更好的教育和卫生保健系统，这些都有助于提高劳动力和生产力水平。这些投资和创新又可以进一步促进经济增长和提高富裕程度。反之，经济增长也可以促进富裕，它可以创造更多的就业机会和提高人们的收入水平，从而提升人们的生活水平，增加人们的财富数量。

富裕和经济增长率之间存在着不平衡和不可持续的风险。富裕程度高的国家可能会出现社会不平等的问题，而经济增长不平衡或不可持续可能会导致社会不稳定和贫困化。这些问题可能会威胁到国家的富裕程度，进而影响经济增长率的提高。

富裕和经济增长率之间的关系还受到政治、文化和历史等多种因素的影响。例如，政治稳定和良好的治理能力可以促进经济增长和富裕程度的提高，而腐败和政治不稳定则可能妨碍经济增长和富裕程度的提高。此外，文化和历史因素也可能影响经济增长和富裕程度，例如，某些文化和历史因素可能会对创新和基础设施建设产生积极或消极的影响。

由此可见，富裕和经济增长率之间的关系是非常复杂的，需要考虑多种因素和相互作用。政策制定者需要采取综合性的政策措施，以确保富裕和经济增长率之间的关系是可持续和平衡的。这些措施可能包括促进可持续经济增长，加强社会保障和教育体系，实施公平和包容的经济政策等。

4. 富裕和经济增长率之间的可持续性问题

富裕和经济增长率之间的可持续问题是一个非常重要的议题。尽管经济增长可以促进富裕程度的提高，但如果经济增长不可持续，就会导致环境恶化、资源枯竭、社会不平等问题，从而威胁到富裕程度的长期稳定。因此，要追求高质量的发展，就要采取符合新发展理念的措施，共享经济增长的成果，来更好地实现共同富裕。

可持续经济增长是指在不破坏环境或资源基础的情况下，实现经济增长和社会福利提高的一种方式。为了实现可持续经济增长，政策制定者需要采取一系列措施，例如，推广清洁能源，鼓励节能减排，促进循环经济，加强环境保护等，以减少对环境和资源的损害。此外，政策制定者还需要鼓励创新和技术进步，来提高生产率和资源利用率。

社会保障和教育体系是实现可持续发展的重要支柱。通过提供良好的教育和卫生保健服务，政策制定者可以提高人民的素质和健康水平，从而提高生产力和创新能力。同时，通过建立社会保障体系，政策制定者可以缓解贫困和社会不平等问题，从而实现经济和社会的可持续发展。

公平和包容的经济政策可以帮助缩小贫富差距，促进社会稳定和可持续发展。政策制定者可以采取一系列措施，例如，改革税收制度，建立社会福利体系，加强劳动力市场监管等，以确保经济增长的利益能够更平衡地分配给所有人。

富裕和经济增长率之间的可持续问题是全球性的，需要国际社会共同努力解决。政策制定者可以加强国际合作，共同推进可持续发展议程，比如，加强在环境保护、资源管理和贫困减少等领域的合作，以实现全球的可持续发展。

共同富裕与公平分配理论

　　共同富裕的实现离不开公正的分配制度。这里在厘清分配公正理论的基础上，对社会分配制度进行深入讨论，以期为实现共同富裕的发展目标做出贡献。

1. 公平分配理论及其主要观点

　　公平理论是由美国学者亚当斯于 20 世纪 60 年代提出的一种激励理论，强调公平的报酬可以使职工感到满意和起到激励作用。亚当斯认为，在资源和收入的分配中，人们会按照个人的贡献、需求以及社会的公正性来判断分配的公平性和合理性。亚当斯之后，一系列的相关理论和观点都是关于资源和收入如何公平分配的。这些理论和观点主要涉及如何衡量和评估资源与收入的公平性，以及如何进行公平的分配；同时也为政策制定者和社会公众提供了理论和实践指导，在一定程度上确保了分配的公平和合理性。

　　公平分配理论的主要观点包括以下几方面：

　　（1）公正标准。公平分配应该基于某种公正的标准，如财富、能力、劳动力等。不同的公正标准会对公平分配的结果产生影响。

　　（2）公平原则。公平分配应该遵循一定的原则或规则，如比例原则、平等原则、需求原则等。不同的公平原则会对公平分配的结果产生影响。

　　（3）差异性考虑。公平分配应该考虑到不同人的差异性和不同群体的利益，以确保分配的公平性和合理性。例如，需要考虑到贫富差距、地域差异、社会阶层等因素。

（4）机会公平。公平分配应该注重机会公平，即每个人都应有平等的机会参与社会和经济活动，实现自身的发展和梦想。

（5）税收和福利。公平分配需要通过税收和福利体系来实现，如通过税收来调节财富分配，通过社会保障和福利来提供基本的保障和帮助弱势群体。

公平分配理论的实践应用需要考虑到具体的社会、经济、政治和文化等方面的因素，以确保分配的公平和可持续性。政策制定者可以通过制定相关法律和政策，来落实公平分配理论的内涵和要求。同时，公众也应该加强对公平分配的认识和关注，以推动社会的公平和可持续发展。

2. 公平分配理论与共同富裕的关系

公平分配和共同富裕还是社会和经济发展的两个重要目标。公平分配强调的是资源和收入的公平分配；共同富裕强调的是在保障基本需求的前提下，让每个人都有机会分享社会经济发展成果的理念和目标。

公平分配和共同富裕之间有着密切的关系。首先，公平分配可以促进富裕。当资源和收入得到公平分配时，社会中的贫困和不平等程度会减轻，这可以增强社会的凝聚力和稳定性，促进经济的发展和富裕程度的提高。而且，公平分配还可以提高人民的生产力和创新能力，从而进一步促进经济的发展和富裕程度的提高。其次，富裕可以促进公平分配。当国家富裕程度提高时，政府有更多的资源和能力来推动公平分配，如加强社会保障，提高教育和卫生保健水平，改善基础设施等。而且，富裕还可以创造更多的就业机会和提高人们的收入水平，从而减少社会不平等和贫困问题，促进公平分配的实现。

因此，富裕和公平分配是相互依存的，它们之间的关系是双向的。政策制定者要采取适合的政策措施，以确保公平分配和共同富裕之间的关系

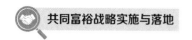

是可持续和平衡的。这些措施可能包括促进可持续经济增长，加强社会保障和教育体系，实施公平和包容的经济政策等，以实现经济和社会的可持续发展，促进富裕和公平分配之间的平衡关系。

共同富裕与新发展理念的关系

新发展理念是在深入细致地分析国内外趋势的基础上形成的理念，具体包括创新、协同、环保、开放、共享五方面，它与共同富裕目标相辅相成。执行新发展理念可以促进共同富裕，反过来共同富裕的实现又会推动执行新发展理念在各方面的要求。

1. 创新与共同富裕

创新是带动进步的首要动力，牵引整个社会经济的发展。事实上，创新不仅仅指管理模式创新，而是指理论、制度、科技、文化等各方面的创新，并由此带来升级改造，继而走向共同富裕。

理论创新为共同富裕带来动力并引领之。理论来自实践，理论创新也必须在实践创新的基础上。关于"共同富裕"的理论，随时代和国情变化而不同，相关理论也必须根据变化推动实践进展。理论创新的重要性不言而喻，优秀理论必然源自实践，也必然推动实践进步。若要共同富裕取得效果，理论创新至关重要。

制度创新保障共同富裕行动。为达到共同富裕，缩减收入差距是必要工作。如何通过制度创新达成此目的？首先，需广泛听取民意，知道民众需要什么，才能给出具体的解决方案。其次，制度创新非易事，起初可以借鉴他国的成功经验，结合实际适度学习。

科技创新是共同富裕的先导。党的十八大强调科技创新必须成为国家发展的核心。中国从"中国制造"向"中国创造"和"中国精制"转型，增加弱势群体的收入，缩小甚至最终消除贫富差距等都需要以科技创新为先导。

文化创新是共同富裕的精神。文化创新可以推动社会进步，打造共同富裕的精神食粮。只有不断创新，传统文化才能持续活力，民族文化才能丰富，人民群众才能获得丰富多彩的精神生活。

2. 协调与共同富裕

协调发展是可持续健康发展的内在要求。首先，协调发展能弥合不同区域、城乡地区之间的发展不平衡，强调不同领域之间的平衡发展。其次，协调发展关注区域之间的平衡及城市和农村地区之间的平衡，以及经济基础和上层建筑之间的平衡。最后，协调发展致力于促进各个领域的同步和稳定发展，不断增强整体发展程度。

实现共同富裕与协调发展存在极为密切的关系，因为要实现共同富裕，就必须解决好发展不平衡的现状问题。为了达到协调发展效果，科学性和创新力都必不可少。协调发展的成功得益于其高度的科学性和突出的创新性，但二者都必须从实际出发，以满足实际发展需求为出发点。

3. 绿色与共同富裕

绿色是可持续发展的必要条件。绿色发展重在解决人与自然和谐的问题，旨在以效率、和谐和可持续为目标实现经济增长和社会发展。绿色发展观源于我国长期生态实践。长期高速发展导致环境污染日益严重，生态系统退化。随着生活水平的提高和环境的不断恶化，人们更关注环境问题，追求人与自然的和谐相处。

绿色发展不意味着不发展工业。降低工业污染、解决下岗员工的就业与补偿问题非常重要，但在改革中也有顾此失彼的情况发生，这就需要专业人才和理论团队的指导。可通过发展科技来降低工业污染，而不是阻止工业发展。因此，须重视培养科技人才，完善制度，制定合理政策解决员工下岗问题，这样才有助于迈向共同富裕。

4. 开放与共同富裕

开放是国家繁荣发展的必由之路，开放发展重在解决内外联动问题，开放发展观为提高我国开放水平与内外联动性提供了行动指南。中国要坚定不移地全面扩大开放，推动开放型世界经济和人类命运共同体。这不仅是为了抓住发展机遇和可持续发展，更是顺应世界经济趋势的需要。中国市场之门不会关闭，只会越开越大。

开放发展可以促进内外资源优化配置，扩大国际互助合作。依托开放、联动世界，促进我国经济社会健康、稳定发展，以期实现共同富裕。

5. 共享与共同富裕

共享是中国特色社会主义的本源要求。我国经济高速增长但分配不均，收入和城乡公共服务水平差距大。在共享改革成果和制度设计上仍不完善，而共享新发展理念就是关注解决社会公平正义问题。

共享发展与共同富裕高度相关。共享发展涉及社会公平正义与收入差距问题，因此实现共享发展有利于促进共同富裕。共享发展需要实现全员共享，不能部分群体独享。共享不只是分配财富，更要从制度设计上创新并提供公共产品与服务。推进共享改革制度和发展方式，有利于实现真正意义上的共同富裕。

总的来说，在新的发展阶段实现高质量发展，我们需要深入掌握新发展理念，在日益激烈的国际竞争中精准实施各项政策举措，不断提高发展的竞争力和可持续性。只有如此，我们才能在艰苦潜心积累中，逐渐实现共同富裕的目标。

保障共同富裕需要的市场调节

党中央提出的建设全国统一大市场，是一场革命。要实现共同富裕，就应该让市场机制充分发挥作用，凡是市场能够起作用的地方让它起到决定性作用。具体到实践中，要进一步规范不当的市场竞争和市场干预行为，让共同富裕在统一大市场的基础上一步步变成现实。

1. 市场经济与共同富裕的关系

市场经济和共同富裕不是对立的概念，而是相互促进和协调发展的。共同富裕是中国特色社会主义的重要目标之一，是指通过经济发展和社会保障政策等手段，让全体人民共同享有经济和社会发展的成果，实现经济发展和社会进步的共同富裕。

市场经济是实现共同富裕的重要手段之一，其优势在于能够提供更多的机会和财富，可以让更多的人享受经济发展的成果，促进经济增长和就业机会的增加，提高人民的收入水平和生活水平。市场经济可以激发创新和竞争，提高资源的利用效率，为实现共同富裕提供坚实的基础。

同时，共同富裕也是市场经济的内在要求。市场经济需要保持公平、公正、透明的竞争环境，以实现资源的有效配置和提高社会的整体福利水平。只有在公平的市场环境下，才能够实现市场经济的有效运作，从而为实现共同富裕提供支持和保障。

然而，市场经济的发展也会出现贫富分化和收入差距扩大等问题，这可能会影响社会的稳定和公平。因此，在市场经济环境下实现共同富裕需要政府的支持，应通过完善社会保障制度、加强教育和职业培训、促进区域协调发展等一系列政策和制度来实现。同时，在市场经济中，也需要加强监管，防止市场失灵和不公平竞争，保障市场公平和透明。只有在这样的环境下，市场经济才能够更好地发挥作用，实现资源的有效配置和提高社会的整体福利水平。

2. 高收入群体和企业家的作用

高收入群体和企业家在共同富裕中扮演着重要的角色。他们创造了许多就业机会，提高了劳动者的收入水平。这是他们获得高收入的原因，但同时，他们也应回报社会，承担更多的社会责任。这并不是"劫富济贫"，而是让他们意识到自己在社会中的地位和责任，进而为社会做出更多的贡献。

首先，高收入群体和企业家可以通过慈善捐赠和承担社会责任等方式来支持社会发展和公益事业。他们的财富和资源可以用来支持教育、医疗、文化艺术等领域的发展，帮助弱势群体和贫困人口改善生活条件。这对于实现共同富裕和社会公平具有重要意义。

其次，高收入群体和企业家可以通过创新和创业等方式为经济增长和就业创造更多的机会，促进社会的全面发展和共同富裕。他们可以投资新技术、新产品和新市场的开发，推动产业升级和创新发展，从而为社会创造更多的就业机会和经济增长点。此外，也可以通过支持小微企业、创业者等方式促进创业创新，帮助更多的人实现自我发展和创造财富的梦想。

当然，高收入群体和企业家也需要承担社会责任，遵守法律法规，维护市场公平和透明度。他们应该遵守税收法规，积极纳税，为社会提供更多的公共财政支出来源。同时要遵守劳动法规，保护劳动者的权益，为劳动者提供良好的工作环境和福利待遇。只有这样，他们才能真正为实现共同富裕和社会的发展进步做出贡献。

3. 慈善事业对于共同富裕的作用

慈善事业是指通过捐赠、资助、志愿服务等方式，为弱势群体和社会公益事业提供帮助和支持的行为。慈善事业对于实现共同富裕具有重要的作用，比如，慈善机构可以通过慈善捐款等方式发挥第三次分配对改善分配结构的补充作用。

首先，慈善事业可以缓解贫困和不平等问题。在市场经济中，由于竞争和市场失灵等原因，会产生贫富差距和收入分配不均的问题。慈善事业可以通过资助教育和医疗等领域，帮助弱势群体和贫困人口改善生活条件，缓解社会贫困问题。此外，慈善事业也可以通过资助科学研究、文化艺术等领域，促进社会的全面发展和文化进步，从而消除社会的不平等问题。

其次，慈善事业可以促进社会的公平和共同富裕。慈善事业所资助的项目和领域，往往是社会的公共事业，如教育、医疗、文化艺术等领域。这些公共事业的发展，对于提高社会的整体福利水平和实现共同富裕具有重要意义。通过慈善事业的发展，可以为公共事业提供更多的资金和资源，促进社会的公平和共同富裕。

最后，慈善事业也可以促进社会的道德和文化建设。慈善事业不仅是一种行为，更是一种文化和价值观。通过慈善事业的倡导和实践，可以促进社会的道德建设和文化进步，增强社会的凝聚力和向心力，为实现共同富裕奠定基础。

要实现共同富裕，我们需要建立和完善慈善事业的制度和机制，鼓励更多的人参与到慈善事业中来。同时，慈善机构也应该遵循透明、规范的原则，保证捐款的有效使用，防止出现不当行为。

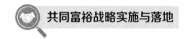

4. 政府在实现共同富裕中的作用

政府在实现共同富裕中扮演着重要的角色，具有至关重要的作用。应通过宏观调控、社会保障、公共服务、税收政策等一系列手段，来促进经济增长和社会公平，实现共同富裕。

通过宏观调控来促进经济增长和就业创造。通过货币政策、财政政策、产业政策等手段来调节经济运行，保持经济稳定增长。同时，也可以通过加大基础设施建设、扶持新兴产业等方式，创造就业机会。

通过社会保障制度来缩小收入差距，保障弱势群体的权益。建立健全社会保障制度，包括社会保险、医疗保障、养老保障等，为弱势群体提供保障和帮助。这有助于缩小收入差距，保障弱势群体的生活，促进社会的公平和共同富裕。

通过提供公共服务来促进共同富裕。加大教育、医疗、文化等公共服务的投入，提高公共服务的覆盖面和质量，让更多的人享受到优质的公共服务。这有助于改善社会的基础设施，提高人民的生活水平，促进共同富裕。

通过税收政策来促进共同富裕，通过税收政策来调节收入分配，加大对高收入群体的税收征收，减轻低收入群体的税负，缩小收入差距。同时，也可以通过税收政策来鼓励企业和个人参与慈善事业，促进社会公益事业的发展和共同富裕。

综上所述，共同富裕需要社会主义市场经济的支持，需要高收入群体、企业家、政府和慈善机构的共同努力来创造更多的机会和财富，让更多的人享受经济发展的果实。同时，我们也需要注意不要过分强调福利，避免落入"福利主义"养懒汉的陷阱。共同富裕的实现需要全社会的共同努力，只有每个人都为之奋斗，才能让每个人都享受到经济发展的成果，实现共同富裕的目标。

激发经济活力，保证共同富裕

激发经济活力是保证共同富裕的重要手段之一。当经济活力得到激发，就会带动就业增加、收入增长、生活水平提高等一系列积极变化，从而实现共同富裕。

1. 加大基础设施建设投入

加大基础设施建设投入有助于实现共同富裕。基础设施建设是指各种公共设施的建设，包括交通运输、能源、通信、水利等方面。

基础设施建设是促进经济发展和提高生产力的重要手段。例如，交通运输设施的建设可以加快物流和人员流动，提高产业链的效率，从而促进经济的发展。

基础设施建设也可以改善人民的生活水平。例如，建设公共交通设施和供水设施可以解决交通和水资源短缺的问题，提高人民的生活质量。

基础设施建设需要大量的人力和物力投入，可以创造就业机会。例如，建设公路、铁路、机场等交通设施，需要大量的施工和运输人员，从而创造就业机会。

基础设施建设可以促进区域的发展和协调。例如，建设公路和铁路等交通设施，可以加快区域间的联系和沟通，促进区域的协调发展。

基础设施建设也是增强国家实力的重要手段。例如，建设能源设施和通信设施，可以提高国家的能源安全和信息化水平，增强国家的综合实力。

为了加大基础设施建设投入，应采取多种措施，如加大财政投入、促进社会资本参与、拓宽融资渠道等。同时，需要加强规划和管理，确保投入的合理性和效益性。基础设施建设的投入不仅需要考虑到建设成本，还需要充分考虑到设施的使用价值和社会效益，以此来实现经济发展和共同富裕的目标。

2.推动产业转型升级

推动产业转型升级有助于实现共同富裕。产业转型升级是指通过技术创新、管理创新、营销创新等手段，使原有产业以新的形态和方式发展，提高产业的竞争力和附加值。

促进经济发展。产业转型升级可以促进经济发展，提高产业的附加值和技术含量。例如，通过技术创新和管理创新，可以提高企业的生产效率和市场竞争力。

优化产业结构。产业转型升级可以优化产业结构，推动产业向高端和新兴领域转型。例如，通过技术创新和营销创新，可以推动传统产业向智能制造、绿色制造、数字化制造等高端领域转型。

提高产品和服务质量。产业转型升级可以提高产品和服务质量，从而提高消费者的满意度和忠诚度。例如，技术创新和营销创新可以提高产品的质量和差异化竞争力，从而吸引更多的消费者。

创造就业机会。产业转型升级需要大量的人才和技术支持，从而创造就业机会，提供就业岗位。例如，技术创新和管理创新能够提高企业的生产效率和市场竞争力，从而带动就业增长。

促进可持续发展。产业转型升级可以促进可持续发展，推动产业向绿色、低碳、环保方向转型。例如，通过技术创新和管理创新可以降低企业的能耗和排放，减少对环境的影响。

为了推动产业转型升级，应加大科技投入，制定相关政策，建立技术创新平台，引导企业加强管理和营销等。同时，需要注重培育和引导新兴产业的发展，加强人才培养、技术支持和产学研合作，推动产业向高端、智能化、数字化、绿色化方向转型升级。产业转型升级需要长期且持续的努力，这是实现经济发展和共同富裕的必然要求。

3. 大力鼓励创新和创业

大力鼓励创新和创业有助于实现共同富裕。创新和创业是经济发展的重要动力，可以推动产业升级，优化产业结构，提高企业的竞争力和创造就业机会。

推动技术创新。技术创新是创新和创业的重要支撑，应加大对科技创新的投入，建立和完善相关政策和制度，鼓励企业加强技术研发和转化，提高技术创新的效率和成果。

优化营商环境。优化营商环境是吸引创新和创业的重要因素，采取简化审批程序、降低税费负担、保护知识产权等措施，可以为创新和创业者提供更好的创业环境和支持。

加强人才培养和引进。人才是创新和创业的重要资源，应加大对人才的培养和引进，建立和完善人才评价机制，吸引和留住高素质人才，为创新和创业提供更好的人才支持和保障。

鼓励创新和创业投资。创新和创业投资是创新和创业发展的重要支持。建立和完善风险投资机制，吸引更多的创新和创业投资，为创新和创业提供更好的资金支持和创投服务。

加强国际合作。国际合作是推动创新和创业发展的重要途径，应加强与其他国家和地区的合作，共同推进科技创新和创业发展，实现共同发展和繁荣。

鼓励创新和创业需要注重科技创新和实际应用的结合，注重市场需求和社会效益的统一，注重创新和创业的可持续发展。政府和社会应该为创

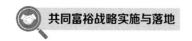

新和创业者提供更好的支持和保障，鼓励他们敢于创新、勇于创业，为经济发展和共同富裕做出更大的贡献。

4. 维护市场稳定

维护市场稳定有助于实现共同富裕。市场稳定是指市场经济运行平稳、有序、公正的状态。应根据市场实际情况，采取有效的政策和措施，维护市场稳定，促进经济的健康发展和共同富裕。

维护市场秩序。市场稳定需要有良好的市场秩序。要建立和完善市场监管机制，加强对市场主体的监督和管理，打击市场违法犯罪行为，维护市场公正、公平、透明。

加强金融风险防控。金融风险是影响市场稳定的重要因素。要加强金融监管和风险防范，建立和完善金融监管制度，加强对金融机构的监督和管理，防范金融风险对市场稳定的影响。

促进供需平衡。供需平衡是维护市场稳定的重要前提，要加强市场调节和调控，优化产业结构，调整产业布局，促进供需平衡，稳定市场价格和市场预期。

维护消费者权益。消费者权益是市场稳定的重要保障，要加强对消费者权益的保护，建立健全消费者维权机制，加强对商品和服务的监督和管理，保障消费者的合法权益。

保障企业发展。企业发展是市场稳定的重要支柱，要加强对企业的扶持和支持，提高企业的竞争力和创新能力，为企业的持续发展提供保障。

要注意的是，维护市场稳定需要注重市场调节和政府调控的结合，注重市场自主和政府引导的统一，注重市场效率和社会公正的统一。

5. 改善营商环境

改善营商环境有助于实现共同富裕。营商环境是指企业在市场经济活动中所面临的政策、制度、服务等方面的环境，是企业发展的基础和保障。

简化审批程序，减少审批环节和时间，提高审批效率和透明度，为企业创新和创业提供更好的服务和支持。

要降低企业的税费负担，减少税收成本，提高企业的盈利能力和市场竞争力，从而促进经济发展和共同富裕。

保护知识产权。知识产权是企业创新和创业的重要保障，应该加强知识产权保护，建立和完善知识产权保护制度，打击侵权盗版行为，保护企业的创新成果和市场竞争力。

加强企业服务，建立和完善企业服务机制，为企业提供更好的创业、投资、融资、人才等服务，提高企业的发展水平和市场竞争力。

推进市场化改革。市场化改革是改善营商环境的重要途径，因此应该推进市场化改革，建立和完善市场化经济体系，加强市场调节和调控，提高市场竞争力和效率。

改善营商环境需要注重市场需求和社会效益的统一，注重企业和社会的共同利益，注重市场自主和政府引导的统一。应根据市场实际情况和企业需求，采取相应的政策和措施来改善营商环境。同时，应注重营商环境改善的可持续性，为企业长期发展提供保障。

6. 推动国际贸易的发展

推动国际贸易的发展有助于实现共同富裕。国际贸易是不同国家和地区之间经济交流和合作的重要形式，可以促进资源配置和技术创新，扩大市场规模和提高效率，创造就业机会和增加收入。

加强开放合作。开放合作是推动国际贸易的重要途径，因此应该加强与其他国家和地区的合作，扩大贸易往来和投资合作力度，推进区域经济一体化，共同推动国际贸易的发展和共同富裕的实现。

降低贸易壁垒。贸易壁垒是制约国际贸易发展的重要因素，因此要加大对贸易自由化的支持，降低贸易和关税壁垒，推进自由贸易区建设，促进国际贸易的自由化和便利化。

推进贸易投资便利化。贸易投资便利化是促进国际贸易发展的重要手段。应该简化贸易投资流程，提高贸易投资效率，为企业提供更好的贸易投资环境和服务，促进国际贸易的发展和共同富裕。

促进贸易平衡。贸易平衡是促进国际贸易发展的重要前提，因此要采取措施，促进贸易平衡，优化贸易结构，调整贸易布局，扩大出口和进口，实现贸易的互利共赢和共同发展。

推动国际贸易的发展需要注重市场需求和社会效益的统一，注重自主开放和互利共赢的统一，注重贸易平衡和可持续发展的统一，根据市场实际情况和国家利益，采取相应的政策和措施，推动国际贸易的发展，促进实现共同富裕。

7. 提高教育水平和技能水平

提高教育水平和技能水平有助于实现共同富裕。教育和技能是人力资本的重要组成部分，是提高国民素质和创新能力的重要途径。

加大教育投入。教育投入是提高教育水平的重要保障，因此要加大教育投入，提高教育经费比重，加强教育基础设施建设，为学生提供更好的学习环境和条件。

推进教育改革。教育改革是提高教育水平的重要途径，因此要推进教育改革，加强教育质量监控和评估，提高教育教学质量和效率，开展多元化教育和终身学习活动。

加强职业教育。职业教育是提高技能水平的重要途径，因此要加强职业教育，加大对职业教育的投入和支持，提高职业教育的质量和效果，为劳动力市场提供更多的高素质技能人才。

推进技能认证制度。技能认证制度是提高技能水平的重要保障，因此要推进技能认证制度，建立和完善技能认证体系，提高技能认证的公信力和权威性，为劳动力市场提供更好的人才供给。

加强人才培养。人才培养是提高教育和技能水平的重要任务，因此要加强人才培养，建立和完善人才培养体系，加强对人才培养的投入和支持力度，提高人才培养的质量和效果。

提高教育水平和技能水平需要注重市场需求和社会效益的统一，注重个人发展和国家利益的统一，注重教育和技能的协同发展和可持续发展，根据市场实际情况和国家需求采取措施，提高教育和技能水平，促进共同富裕。同时，应该注重教育和技能的适应性和创新性，为社会发展和创新提供人才支持。

政府职能在共同富裕中的转变

从现代经济发展情况看，市场和政府是推动社会经济发展的两个主要力量。市场更注重效率，政府则更注重公平。要消除贫富差距，避免两极分化现象的发生。

1. 从单纯的资源配置者转变为服务提供者

以往政府的主要职责是对资源进行配置，以实现国家的经济发展和社会进步。随着经济和社会的快速发展，政府的职责也逐渐发生了变化，从单纯的资源配置者转变为服务提供者。

作为服务提供者，政府的职责主要包括以下几方面：

（1）为公民提供基本的公共服务，如教育、医疗、社会保障、文化和体育等，以保障人民的基本生活权益和创造公共福利。

（2）保障公民权利，为人民提供法律和司法保障，维护人民的基本权利和自由，保护人民的人身财产安全，打击违法犯罪行为，维护社会公正和稳定。

（3）促进经济发展，为企业提供必要的服务和支持，促进企业的创新和发展，为经济的长期发展提供必要的条件和环境。

（4）推动社会进步，加强社会公益事业和社会福利建设，提高社会文明程度和人民素质，促进社会和谐和可持续发展。

政府作为服务提供者需要注重公共利益和社会效益，坚持以人民为中心的发展思想，保证服务的公正、公平、公开，注重服务的质量和效率，满足人民对优质服务的需要，促进共同富裕和社会进步。

2. 从过度干预市场转变为市场调节者

以往政府在市场经济中的角色主要是干预市场，通过计划经济和政策调控等手段来实现资源的配置和经济的发展。随着市场经济的发展和完善，政府在市场经济中的角色逐渐发生了转变，从单纯的干预者转变为市场调节者。这一转变的主要原因是政府意识到市场具有自我调节的能力，政府的干预有时会产生负面效应，甚至会扭曲市场经济的发展。

作为市场调节者，政府的角色主要体现在以下几方面：

（1）制定合理的市场规则和监管制度，促进市场的公平竞争和规范运作，防止市场垄断和不正当竞争的出现，保护消费者权益和市场秩序的稳定。

（2）加大对公共服务和基础设施建设的投入，为市场经济提供必要的基础设施和服务保障，促进市场经济的发展和社会公正。

（3）促进市场创新和技术进步，加强对科技创新和新兴产业的支持，鼓励市场创新和技术进步，推动经济发展的转型升级和可持续发展。

（4）加强市场监管和风险防范。政府应该加强市场监管和风险防范，及时发现和处理市场风险和问题，防止产生系统性风险和金融危机，维护市场稳定和经济安全。

政府作为市场调节者需要遵循市场经济的基本原则，尊重市场规律和市场主体的自主决策权，注重市场和政府的协同作用，实现政府职能转变和市场经济的和谐发展。

3. 从单纯的社会管理者转变为社会引导者

以往政府主要扮演的是社会管理者的角色，通过政策和法规的制定和实施，维护社会秩序，保障公共安全和社会稳定。但是，随着社会的发展和变化，政府的职责也逐渐发生了转变，从单纯的社会管理者角色转变为社会引领者的角色。

政府作为社会引领者，其职责主要包括：

（1）鼓励社会创新，推动社会变革，引导社会正能量，推动社会发展和进步。

（2）引导市场活力和社会创造力，鼓励人们积极参与社会事务，创造价值，实现自身价值和社会价值的统一。

（3）加强社会组织和民间力量的作用，鼓励和支持社会组织和民间力量的发展和壮大，发挥其在社会治理和公共服务中的作用，促进社会和谐。

（4）加强对文化和教育事业的支持和引导，推动文化和教育的创新和发展，提高人民文化素质和教育水平。

（5）推动社会和谐发展，促进公平正义，增进社会凝聚力，建设富有活力和文明的社会。

政府作为社会引领者需要发挥积极作用，推动社会变革和进步，激发人民的主动性和创造性，注重市场和社会的协同作用，实现政府职能的转变和共同富裕。

4. 从单纯的政治权力机关转变为法治建设者

以往政府主要扮演的是政治权力机关的角色，通过政治手段来实现国家治理和社会稳定。随着社会的发展和进步，政府职责从单纯的政治权力机关转变为法治建设者。

政府作为法治建设者，其职责主要包括：

（1）加强对法治建设的支持和引导，完善法律体系，加强法治宣传和教育，推动法治理念在全社会的深入树立。

（2）推进司法改革，提高司法公正和司法效率，保障公民权利和自由，维护社会稳定和公共安全。

（3）维护社会公正和秩序，加强社会管理和治安维护，保障公民生命财产安全，打击犯罪行为，维护社会公正和秩序。

（4）加强行政管理体制改革，推动政府职能转变，加强政府公开透明和公众参与，提高政府效率和服务水平。

（5）加强反腐倡廉建设，推动廉政文化建设和反腐败斗争，维护政治清明和社会稳定。

政府作为法治建设者需要坚持法治思维，尊重法律和法律精神，注重法治建设和法律实施效果，加强社会法治宣传和教育，推动法治文化的深入发展，实现政府职能转变和社会进步。

5. 从单纯的国内管理者转变为全球合作者

以往政府的主要职责是国内管理者，主要关注国内经济和社会的管理与发展。但是，随着全球化的发展和经济的互相依存，政府职责从单纯的国内管理者转变为全球合作者。

政府作为全球合作者，其职责主要包括以下几方面：

（1）参与全球治理，积极参与国际组织和多边机制，促进全球治理体系的建设和完善，推动全球治理规则和标准的制定与实施。

（2）推动国际合作，加强与其他国家和地区的经济、文化、科技、教育等方面的交流与合作，推动共同发展和繁荣。

（3）维护国际秩序，积极维护国际秩序，促进国际和平与安全，推动国际法的实施，维护国际社会的公共利益。

（4）推进全球可持续发展，加强环境保护和资源利用，维护全球生态平衡，促进经济、社会和环境的协同发展。

（5）加强国际援助和人道主义救援，对发展中国家提供必要的帮助和支持，维护全人类的利益和尊严。

作为全球合作者，要注重国内和国际的相互关联与互动，推动国际、国内共同发展和繁荣，加强国际合作与交流，实现政府职责的转变和全球社会的进步。

应积极参与全球治理，加强与其他国家和地区的合作，推动国际贸易、金融、环境等领域的合作与共同发展。

6. 政府在共同富裕中转变职能需要注意的问题

政府在共同富裕中转变职能需要注意的问题有以下几个：

（1）公正、公平、公开的服务，确保服务资源的合理配置和服务质量的提高，建立公正、公平、公开的服务制度，为共同富裕提供必要的保障和支持。

（2）坚持可持续发展，加强环境保护和资源利用，推动经济、社会和环境的协同发展，实现人与自然的和谐发展，为共同富裕创造必要的条件和环境。

（3）支持和引导市场活力，加强市场监管和规范，推动市场的自由化、公平化和竞争化，实现市场和政府的协同作用，提高资源配置效率。

（4）加强政府自身建设，推进政府职能转变和机构改革，提高政府服务水平和工作效率，推动政府公开透明和廉洁高效，增强政府的公信力和服务能力，以保障和支持共同富裕的逐步实现。

政府在共同富裕中转变职能，坚持以人民为中心的发展思想，注重服务对象的需求和利益，促进共同富裕和社会进步，实现政府职能转变和社会治理的创新。同时，注重制度建设和规范化管理，为共同富裕提供长期稳定的政策支持和制度保障。

第三章
共同富裕的战略目标与实践路径

  实现共同富裕需要正确理解其战略目标,路径上表现为坚持党的领导、推进高质量发展、改革收入分配制度和协调发展。共同富裕虽面临着诸多挑战,但也有难得的历史性机遇,方法上要着力于劳动、资本、权力的"三维同构",保障劳动效益、遏制资本掠夺性和严惩权力寻租的腐败行为。只有这样,共同富裕战略目标才能真正实现。

正确理解共同富裕的战略目标

实现共同富裕的战略目标是一项长期且艰巨的历史重任，是全面建成社会主义现代化强国的核心内容。正确理解共同富裕的战略目标，就是要始终把"富裕"和"共同"、物质富裕和精神富足、动态发展和相对平衡统一起来，这样才能加速推动共同富裕的进程。

1. 做大蛋糕和分配蛋糕并重，两位一体

我国是一个发展中国家，目前仍处于社会主义初级阶段。实现共同富裕是中国发展的目标之一，这需要在做大蛋糕和分好蛋糕之间找到平衡点；同时优化资源分配，提高中等收入群体的比重，促进社会公平正义和人的全面发展。

在"共同富裕"这个概念中，"共同"强调的是生产关系的公平问题。即不同的人或主体能够享有均等的发展机会，让全体人民共享发展成果；"富裕"则强调的是生产力的效率问题，即充分激发生产要素的活力和创造社会财富的源泉。

要实现共同富裕，必须将"共同"与"富裕"统一起来，正确处理效率和公平的关系。在这个过程中，效率和公平二者缺一不可。只有在提高效率的基础上，才能从供给层面满足人民日益增长的物质文化生产生活需要。而公平则是效率的重要保障，只有提高效率，让发展成果更多更公平地惠及全体人民，才能带来社会总需求的持续扩大，刺激经济效率进一步提升。

要正确处理效率和公平的关系。需要通过创新机制，改革分配制度，

44

构建更加公平、合理的收入分配格局，确保全体人民共享改革发展成果。同时，必须优化资源配置，发挥中等收入群体的消费潜力，让经济发展更具质量和效益，让更多的人享受发展成果。

2. 既要物质富裕，也要精神富足

社会主义现代化的根本要求是物质富裕和精神富足。在这个要求中，物质富裕和精神富足是相辅相成的，两者之间存在着辩证统一的关系。物质富裕为精神文明建设提供了物质基础，而更高水平的精神文明建设则是物质文明建设的重要精神动力。

如果人们只追求物质享受而忽视精神追求，那就不是真正的共同富裕。因此，实现共同富裕的过程中，必须同时关注物质富裕和精神富足。当前，我国面临的主要矛盾是人民日益增长的美好生活需要和不平衡不充分的发展之间的矛盾。为了解决这个矛盾，需要让全体人民通过辛勤劳动和互帮互助，普遍达到物质生活富裕。同时，也需要大力发展公共文化事业，完善公共文化服务体系，实现人民多样化、多层次、多方面的精神文化富足。

发展公共文化事业，是提高人民精神文明水平的关键。公共文化服务涵盖了教育、科技、文化、卫生、体育等方面。这些服务的发展，能够满足人民多元化的精神需求，提高人民的文化素质和创造力，推动社会全面进步。同时，公共文化服务还能够促进社会公平正义，实现人民共享文化资源的目标。

因此，要实现共同富裕的目标，必须秉持"物质富裕、精神富足"的发展理念，把物质文明和精神文明发展作为同等重要的任务来看待。加强公共文化事业建设，提高全民文化素质，让人民在物质和精神上都能够得到充分满足。只有这样，才能够实现社会主义现代化的根本要求，让全体人民共同富裕，共同分享现代化发展的成果。

3. 推进动态发展，注意相对平衡

共同富裕是一个相对平衡的富裕，它体现了一个从不平衡到平衡的动态发展过程，而不是简单的平均主义。不同地区、不同群体的发展基础及条件存在差异，导致在富裕程度、时间、速度、步骤上会有一定的合理差别。因此，必须分阶段、动态实现渐次共同富裕。

在实现共同富裕的过程中，我们也要注意相对平衡的问题，不能等到物质丰裕却出现两极分化之后，才开始追求共同富裕。相反，我们应该追求目标和过程的相对平衡、共性和个性的相对平衡，以及不同地区和不同群体的相对平衡。

当前，我国社会主义初级阶段仍然是最大的实际，这就要求我们在推动共同富裕的过程中，必须一切从实际出发，不能"眉毛胡子一把抓"，搞"一刀切"。无论是增加居民收入，提高社会保障水平，还是制定帮扶政策等，都必须从各地区基础和条件及发展的可持续性出发，统筹考虑、循序渐进。例如，对于弱势群体要加大扶持力度，为他们提供必要的教育、医疗、住房等基本保障；对于贫困地区，应该为当地居民提供更多的就业和创业机会，让他们分享改革发展的成果等。

实现共同富裕是一个长期而艰巨的任务，需要我们不断探索，不断创新。只有坚持从实际出发，循序渐进地推进，才能够实现共同富裕的目标，建设一个更加富强、民主、文明、和谐的社会主义现代化国家。

系统把握共同富裕的实践路径

共同富裕的实现是一项涉及多方面的系统性工程，既需要在顶层设计上加强战略谋划和规划，也需要在具体实施层面把握工作的着力点和协调性。只有这样，才能更好地推动共同富裕的进程，让更多的人分享改革发展的成果。

1. 必须坚持党的领导

中国共产党的领导是中国特色社会主义的最本质特征，也是中国特色社会主义制度最大的优势和保障。我们党在百余年的奋斗历程中，一直坚持以人民至上为价值追求，践行以人民为中心的发展思想，将实现共同富裕作为重要使命。在实现共同富裕的新征程上，只有坚定不移地坚持党的领导，才能最大限度发挥中国特色社会主义制度的优越性，继续坚持公有制为主体、多种所有制经济共同发展的基本经济制度，坚持按劳分配为主体，多种分配方式并存的分配制度。这样才能将中国共产党领导的政治优势和制度优势转化为促进共同富裕的强大动力和坚强保障。

推动共同富裕是一项系统性工程，需要充分发挥党总揽全局、协调各方的领导核心作用。要注重发挥市场在资源配置中的作用，加强政府宏观调控，确保资源的合理配置和公正分配。要加大对弱势群体的扶持力度，为他们提供必要的教育、医疗、住房等基本保障，加强对贫困地区的扶贫工作，为当地居民提供更多的就业和创业机会，让他们享受改革发展的成果。

2. 推进高质量发展

推动共同富裕的核心目标是使整个社会达到高层次的富裕。为了实现这一目标，我们必须以高质量发展为主题。高质量发展要求我们在经济发展的过程中注重提高整体经济和收入水平，使发展成果、发展机会、公共服务实现高层次的共享，为广大人民创造更多的发展和致富机会，让更多人享受改革发展成果。只有通过高质量发展，才能让整个社会达到高层次的富裕。

为了推进高质量发展，需要完整、准确、全面贯彻创新、协调、绿色、开放、共享的新发展理念。同时，要大力提升自主创新能力，塑造产业竞争新优势，不断缩小城乡、区域、行业之间的差距，加快经济社会发展低碳化转型，提升国内国际双循环效率，促进形成公平竞争的市场环境，激发各类市场主体活力。这些措施将有助于加强经济的可持续发展，提高经济的质量和效益，增强我国的发展优势和竞争力，为共同富裕奠定坚实的基础。

高素质的劳动者是推动高质量发展的根本动力。要创造机会均等、共同奋斗、勤劳致富的社会环境，为提高人民受教育程度创造更加普惠公平的条件。提高其就业创业能力，增强其致富本领，畅通其向上流动通道，给更多人创造发展和致富的机会。这样可以提升全社会人力资本，提高全社会的要素生产率，夯实高质量发展的基础。因此，要注重人才培养和引进，并为经济发展提供强大的人才支持。只有通过这些措施，才能够培养更多的高素质劳动者，推动高质量发展。

3. 改革收入分配制度

橄榄型分配结构指的是中等收入群体占据主体地位，高收入和低收入群体比例相对较小的分配结构，这是共同富裕的鲜明特征。要打造这种分配结构，需要合理调节高收入，取缔非法收入，增加低收入群体收入，扩大中等收入群体比重。为了实现共同富裕的目标，政府、市场和社会应该协同发挥作用，建立初次分配、再分配、三次分配协调配套的基础性制度安排，并提高政策的精准性。这些措施将有助于实现社会财富的公平分配，缩小收入差距，促进经济和社会的可持续发展。

对于中等收入群体，首先，要稳定中等收入群体的存量，不断提高他们的收入水平，同时优化内部结构，让中等收入群体更加稳定和可持续。其次，要提高中等收入群体的增量，瞄准重点人群精准施策。比如，高校毕业生、技术工人、中小企业主和个体工商户、进城农民工等，推动他们成为稳定的中等收入群体。这些人群在社会经济发展中发挥着重要作用，是中等收入群体持续增长的重要支撑。通过这些措施，可以不断扩大中等收入群体的比重，实现共同富裕的目标。

对于低收入群体，首先，应重点做好帮扶和保障，加大普惠性人力资本投入，提供更多就业和培训机会，让低收入群体有更多的机会获得合理收入。其次，应完善低收入群体的社会保障体系，包括养老和医疗保障体系、兜底救助体系、住房供应和保障体系等，不断提升其基本公共服务和社会保障水平。这些措施有助于保障低收入群体的生活水平，提高他们的生活质量，促进社会和谐稳定地发展。

对于高收入群体，需要规范和调节，依法保护合法致富和合法收入，让他们在合法的范围内获得合理的收入。同时，也需要通过完善个人所得税制度、规范资本性所得管理等方式合理调节过高收入，清理不合理收入，取缔非法收入，防范财富过度集中和不合理分配现象的发生。此外，要引导和支持高收入群体积极参与公益慈善事业，回报社会，促进社会公平正义的发展。

4. 全面推动协调发展

协调发展是共同富裕的内在要求，这是我们在党的十八大以来实现绝对贫困问题历史性解决的过程中所认识到的。这不仅是我国创造世界经济史上的壮举，也是我国推动城乡协调发展的重大成就。为了巩固和拓展脱贫攻坚的成果，需要全面推进乡村振兴，缩小城乡差距，推动城乡统筹发展。只有这样，才能实现经济和社会的可持续发展，让每个人都能够共享发展的成果，逐步实现共同富裕。

协调发展需要增强区域发展的平衡性。在当前的经济和社会发展过程中，区域发展的平衡性问题日益突出。为了解决这些问题，必须做到以下几点：

（1）实施区域重大战略和区域协调发展战略。这些战略应该是长远的、全面的和系统的，以促进地区之间的平衡发展和协调发展。要根据不同地区的经济和社会发展水平，制订不同的战略和发展计划，推动经济和社会的可持续发展。

（2）加大对欠发达地区、西部和民族地区的支持力度。这些地区是我国经济和社会发展中的薄弱环节，需要政府加大对其的支持，加大对这些地区的投资，提高地区基础设施建设水平，促进地区经济和社会的快速发展。

（3）缩小区域人均财政支出差异，提升政策精准性，完善差别化区域支持政策。应根据地区经济和社会发展的实际情况，制定不同的政策和措施，对不同地区的问题采取有针对性的解决方案，以保证政策的精准性和有效性。

（4）要努力做到因地制宜、一地一策。各地区的经济和社会发展水平不同，需要因地制宜地制定不同的政策和措施，以适应各地的实际情况。同时，加强地方政府的管理和服务能力，提高决策能力和执行力，推动地方经济和社会的健康发展。

行业发展的协调性是实现经济可持续发展的关键。为了推动经济和社会的协调发展，要做到以下几点：

（1）推动金融、房地产和实体经济的协调发展。金融和房地产是实体经济的重要支撑，但也存在一些不合理的现象，如过度依赖房地产投资和过度放松金融监管等。因此，我们需要加强对金融和房地产的监管，促进它们与实体经济的协调发展，避免过度依赖房地产和金融的现象出现，推动实体经济的健康发展。

（2）支持中小企业的发展。中小企业是经济发展的重要力量，也是创新和就业的主要来源。过去由于缺乏资金、技术和管理经验等，导致发展受到了一定的限制。因此，需要采取措施加强对中小企业的支持，如设立专项基金、提供税收优惠政策、加强对中小企业的培训和咨询服务等，以促进中小企业的发展。

构建大中小企业相互依存、相互促进的企业发展生态。大企业是实体经济的重要力量，但也存在垄断和独占市场的风险。因此，我们需要鼓励大企业与中小企业合作，构建大中小企业之间的合作关系，促进大中小企业的相互依存和相互促进，加强产业链的协调发展，构建健康的企业发展生态。

实现共同富裕面临的挑战与机遇

实现共同富裕是一个重大挑战，也是一个机遇。在实现共同富裕的过程中，面对收入差距、机会的阶层障碍，以及健康水平、精神文明等方面的挑战，无论是产业、企业还是个人，都需要探索新的途径和方法，抓住各种机遇。只有这样，共同富裕的道路才会越走越宽，共同富裕的梦想才可以在不久的将来变成现实。

1. 推进共同富裕面临的挑战

改革开放以来，我国在实现共同富裕方面已经取得了一定成就，但目前仍存在一些问题和不足。

我国的居民收入仍然存在巨大差距，表现为城乡、地区、行业之间的差异。在城市和发达地区，一些高技能和高收入人群拥有更多的机会和资源，而农村和欠发达地区的居民则面临较低的收入和机会不足的困境。此外，一些社会弱势群体，如农民工、低收入者、残疾人等，也较难获得公平的收入和机会。

尽管政府加大了对基础设施建设和公共服务的投入，但是在某些地区和领域，仍然存在着基础设施缺乏、教育和医疗服务不足等问题。尤其在一些贫困和偏远地区，居民的基本生活需求无法得到满足，基本公共服务供给水平不高。

人们获得教育、就业等机会也存在阶层障碍。不同地区、不同背景的人在获得公平的教育和就业机会方面面临着巨大的挑战。一些低收入家庭的子女由于家庭条件和学习环境等的限制，接受教育的机会较少，就业机会也较为有限。

尽管我国的医疗卫生事业发展已经取得了一定的成就，但是在城乡、地区、收入阶层之间的医疗水平和健康保障存在着巨大的差异。一些地区和社会弱势群体的医疗水平与健康保障较为薄弱，导致一些健康问题无法得到很好的解决。

在我国快速的经济发展和城市化进程中，精神文明和共享文化也面临着很多困境。一些地区的文化基础薄弱，文化设施不够完善，文化服务供给与需求之间存在较大的差距。此外，一些新兴文化形式和文化产品的质量和创新性还有待提高。

想要改善以上状况，需要采取一系列措施，以促进全体人民共同富裕。这些措施包括但不限于加大收入分配调节力度，提高城乡居民和不同地区之间的收入水平；加大基础公共服务供给，提高服务质量和扩大覆盖面；打破阶层障碍，让每个人都有机会接受教育、就业和获得发展；促进全民健康，提高全民健康水平；加强精神文明和文化建设，推动共享文化的发展。只有这样，才能够实现全体人民共同富裕的宏伟目标。

2. 共同富裕给普通人带来的机遇

共同富裕政策的实施将会为普通人带来更多的机会和利益，具体包括：

（1）国家将加大三次分配调节力度，并将更多资源更多政策惠及社会普通人群。这将会提高普通人的社会地位，使得他们获得更为公正的收入和资源分配，从而拥有更多的话语权和自由度。

（2）共同富裕政策的实施将会增加社会普通人群的福利待遇。普通人可以获得更多的政策、资源和服务支持，提高生活品质。同时，推进共同富裕将会减少社会的不信任感、焦虑感和内卷现象，增强人们的幸福感和获得感；让人际关系变得更加和谐，人们生活的幸福感大大提升。

（3）推进共同富裕将会带来更多的创业和就业机会。普通人可以通过自身的努力和实力获得更多的成功和财富，致富机会也将变得更多。同时，共同富裕也能提供更多的发展权和发展机会，让普通人可以通过勤奋学习、努力工作、创新创业、服务社会等途径实现自身的上升空间。政府的产业扶植和二元制改革等也将为普通人提供更多的机遇。

在以上发展趋势及共同富裕的政策背景下，普通人如何抓住机遇，实现自己的利益？下面的建议供参考。

共同富裕政策将劳动力纳入优先考虑的范畴，因此劳动者需要终身持续提升自己的学识水平、能力和素质。在这种背景下，如技术学校、国际化家政培训、医卫护理培训、飞机维修师培训等技能型培训行业，都是趋势性机会。

随着共同富裕政策的实施，平民 IP 正在逐渐取代明星，文化娱乐市场将出现百花齐放的繁荣景象，那些能发掘出更多的潜在文化需求的领域会更容易创业成功。例如，短视频行业、自媒体、平民选秀、演艺旅游等。深度挖掘普通人渴望证明自己文娱才能的隐性需求，获得新的财富机会。

众筹类创业机会将得到政府和市场的大力支持。例如，在实施乡村振兴背景下，供销社可以成为众筹类合作组织，成立农产品工业化合作社，城市投融资众筹合作组织等都有很大的发展空间。这些机会将为普通人提

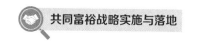

供更多的创业和就业机会，实现自身的利益。

专精特新项目将成为创业的耀眼星群。那些具备万里挑一的特殊才能、技艺所形成的公司和项目，拥有世界市场中隐形冠军的项目、迷你边缘性项目，以及大数据项目、自然村落或家族产业链集群项目等，都具有很大的发展潜力。未来，专精特新项目公司上市，都可以走绿色通道。

普惠性项目将受到青睐。凡是能给普罗大众带来利益、机会和服务的，都将获得大力发展。例如，公益性自行车项目、自动驾驶公益公交项目、屋顶种草项目、个人屋顶光伏发电项目等，都可以在资本市场获取巨额收益，在政策上得到大量补贴。这些项目可以带动就业和经济增长，同时也有助于环保和节能减排。

在共同富裕政策下，普通家庭的财富将增多，也会产生更多的理财和资产配置需求。因此，多样化大众性的财富管理项目将成为受欢迎的行业。这些项目包括基金、保险、股票、债券、黄金等，可以帮助普通人实现财富增值，提高自身的财富水平。

3. 共同富裕给企业带来的机遇

共同富裕政策的实施，强调市场对资源的配置作用。这意味着政府将更多地依靠市场机制来决定资源的流动和配置，而不是通过政府指导来实现。这既有利于提高资源的有效利用率，也有利于企业的经营和发展，并充分重视民营经济等多种市场主体的作用，在公平与效率之间取得平衡，从而推动共同富裕。在这一大背景下，国家会对不规范、垄断性市场行为进行整治，以维护市场的公平竞争环境。因此，企业需要主动承担社会责任，以多种模式参与第三次收入分配，来增强企业的社会责任感和社会形象，同时实现企业自身的可持续发展。

共同富裕政策的实施，为民营企业提供了参与第三次分配的机会。这样做的好处是多方面的：首先，企业可以通过回馈社会来提高自身的社会形象和公信力，获得更好的社会认可和口碑；其次，企业可以通过参与第三次分配，提高员工的福利待遇，增强员工的归属感和忠诚度，从而提高劳动生产率和减少员工流失率；最后，民营企业通过参与第三次分配，可以获得更包容的融资条件和更好的市场环境，进而提高自身的竞争力和市场地位。

同时，国家对于市场环境的重塑也将为创新型企业提供更公平、更具活力的市场条件。在短期内，国家对于市场环境的改善将为企业提供更稳定的营商环境和更好的市场机会，从而帮助企业更好地开展业务和发展创新。在中长期，市场环境的改善将为创新型企业提供更多的发展机会和更广阔的发展空间，从而推动企业的高质量发展。因此，民营企业可以通过自愿参与第三次分配，分享生产成果，改善民生，缓解社会矛盾，提高社会稳定程度等外部正向效应，获得更包容的融资条件、更高的劳动生产率和更好的市场环境；同时也可以在国家对于市场环境的重塑中获得更公平、更具活力的市场机会和更广阔的发展空间，来实现企业的高质量发展和共同富裕。

为了推动共同富裕，国家将加强市场准入，让更多的民营企业进入市场。这将有助于增强市场竞争力，提升市场活力；将优化营商环境，为民营企业提供更便捷、更优质的服务，降低企业的运营成本；通过减税降费等措施支持民营企业的发展，有助于增加企业的盈利空间，提高企业的发展能力；加强对金融市场的服务，为民营企业提供更多的融资渠道和更好的融资条件，从而帮助企业解决资金瓶颈问题，促进企业的发展；推进技术创新，鼓励企业进行科技创新，提高企业的技术水平和竞争力，推动经济动能转换。这些政策的实施，将有助于提高民营企业的发展能力和竞争力，从而推动经济高质量发展，加速实现共同富裕的进程。

为了推动共同富裕，国家将会采取具体的政策和制度措施。例如，碳交易市场的建立与完善，城乡资源的双向流动，社会保障制度改革带来的市场需求，乡村振兴带来的投资机遇以及人民收入水平提升带来的消费升级等，都将为企业创造更有利的市场环境。

在这个背景下，民营企业需要认清趋势，把握机遇，主动参与收入分配体系，发挥自身的优势，提高创新能力，打造核心竞争力，分享高质量发展的成果。例如，企业可以积极参加碳交易市场，把握低碳经济发展的机遇；可以积极参与城乡资源的双向流动，拓展市场空间；可以关注社会保障制度改革带来的市场需求，提高产品和服务质量；可以积极投资乡村振兴，开拓新的业务领域；可以关注人民收入水平提升带来的消费升级，优化产品结构，满足消费者不断升级的需求。

4. 共同富裕给产业带来的机遇

实现共同富裕不仅要靠捐赠、救济等临时措施，更重要的是要改变经济体制和产业结构，形成一种可以长期、持续地为大众创造财富的机制。这种机制的变革才是共同富裕真正的支撑点。

第一，龙头企业应有的产业逻辑。

只有提升产业竞争力，企业才能有更好的发展机会。特别是龙头企业，要带领行业内的中小企业一起成长，善于将自身的竞争优势转化为提升整个产业竞争力的能力，并促进产业上下游升级。这是共同富裕的核心要素，也是共同富裕的重要体现。

举例来说，一家行业龙头企业过去可能依靠强大的低成本供应链获得了行业主导地位。通过供应链优势压制竞争对手，获取垄断利润，限制中小企业的发展。但在共同富裕的背景下，这家龙头企业更好的策略应该是开放自己的供应链能力给行业内中小企业，大家通过分工合作，从激烈的竞争关系转变为平台合作关系。龙头企业应利用自身基础设施的能力提高整个行业的效率，同时也会得到更高的回报。

这本质上改变了传统企业竞争的逻辑，重构了行业竞争关系。龙头企业不再是压制中小企业的对手，而是帮助中小企业发展的合作伙伴。通过开放平台和资源共享，龙头企业带动行业内中小企业共同成长，实现产业升级和共同富裕。这种新的竞合关系，体现了共同富裕的产业逻辑。

第二，共同富裕在农村的产业机会和实现路径。

在共同富裕的背景下，农村需要率先发展，关键领域包括产地经济、设施农业和新农村消费等。要解决城乡二元化和消费隔离的问题，本质上需要将城市的服务带到农村。

要彻底改善农村问题，必须使资金流入农村。实现这一点的关键是农村要素资源价格的市场化，如农业用地的流转，这意味着农村资产定价和土地入市将日趋成熟。在共同富裕下，农村必须先发展，关键机会在于发展产地经济、设施农业和扩大农村消费。要解决城乡差距，需要将更多的城市服务引入农村。

农业用地流转市场化和资产定价改革，将使资金流入农村成为可能。资金流入将驱动农村产业升级，实现产业化和共同富裕。发展产地经济、设施农业和新农村消费，可以带动农村需求，实现城乡融合。这些都体现出共同富裕在农村的产业机会和实现路径。

第三，员工持股。

在共同富裕的背景下，推动员工持股新模式已成为重要课题。作为各行业的领军企业，上市公司在这个过程中必须发挥示范作用。上市公司需要认识到员工持股的重要性，积极推动员工持股计划。员工持股不仅可以提高员工的收入水平，还可以增强员工的归属感和责任感，促进公司的稳定发展。同时，上市公司应该考虑员工持股计划的可持续性，确保计划的长期有效和稳定。

除了员工持股计划，上市公司还可以通过其他方式提高员工的财产性收入。如提供优厚的薪资和福利待遇，建立员工股权激励计划，以及以其他形式获得分红等。同时，上市公司还可以为员工提供更多的社会保障制度，如医疗保险、养老保险等，以提高员工的福利水平和生活质量。

第四，新型社区。

在城镇化过程中，社区是具体的组织单元，是共同富裕最终落实到大众身上的重要载体。因此，社区服务和管理的改善是实现共同富裕的关键。

社区服务和管理的改善需要从多方面入手。例如，在住房保障方面，社区需要提供更多的公共住房，以满足低收入居民的基本住房需求；在食品安全方面，社区需要加强对食品生产和销售的监管，保障居民的饮食安全；在医疗服务方面，社区需要提供更便捷、更优质的医疗服务，使居民能够及时获得医疗帮助；在社会保险方面，社区需要提供更完善的社会保障制度，保障居民的基本权益；在社区养老和教育方面，社区需要提供更加优质的养老和教育服务，满足不同年龄层次的需求；在社区环保方面，社区需要加强环保意识的普及和环保设施的建设，保障居民的生活环境和健康。在共同富裕话题下，这些内容将是新型社区最好的实践。

第五，投资社会保障型的民生基础设施。

共同富裕的物质基础是社会保障型的民生基础设施投资。良好的社会保障基础需要大量投资，这种投资需要政府和社会化企业及资本共同参与。

政府的投资是社会保障型基础设施的主力，但单靠政府投资难以满足需求。因此，未来需要引导更多社会化企业和社会化资本参与社会保障基础设施的投资，以提高社会保障的覆盖和服务能力，提升整个社会保障的兜底能力。这是引导社会资本参与社会保障建设的有效手段。

同时，政府也应该鼓励社会资本参与社会保障建设。具备社会保障战略意义的民生基础设施投资项目，尤其是财务回收期较长的项目，需要引入社会资本。为实现目标，需要建立更好的金融体系来支持，社会资本更好地参与社会保障建设，一起推动共同富裕的实现。

第六，用新技术创新商业模式。

为了实现共同富裕的目标，需要通过互联网等新技术的商业模式创新来解决产业中的实际问题。临工经济、开放式企业组织、众包经济、平台化组织、众创空间、孵化机制等新型经营模式，其本质是整合行业的社会化资源与能力，实现效率提升和共享利益机制。这些经营模式利用互联网等新技术，将更多的社会化资源变成自己的"临时员工"，将企业的工作拆分成可分解的零碎化任务包。通过高效分发，解决就业问题，提高效率和创新就业机会。

在我国，"副业经济"已成为数字环境下的基础设施。我国拥有良好的互联网基础设施、充足的人口基础和产业基础。因此，利用科技手段和去中心化模式，实现行业内的自我造富和自我盈利机制的分享升级，是实现共同富裕的必要战略和模式。例如，区块链技术可被用于构建去中心化的经济模式，实现共享经济和共同富裕的目标。同时，制定鼓励创新和发展数字经济的政策，促进数字化和数字产业化的发展，推动共同富裕的实现。

第七，慈善基金。

随着我国经济的快速发展，民营财富和社会资本数量不断增加。为了更好地引导这些财富在社会内部进行自我循环，需要建立一个稳固和健全的机制来作为支撑。未来慈善领域将会出台相关的指导意见，对慈善基金会进行规范，以确保它们合法合规地运作。这是大概率事件。同时，我们也将会看到更多的家族基金会和校友基金会在我国出现，这些基金会将长期传承中国社会财富。采取这些措施，可以更好地引导社会财富进行内部循环，促进经济可持续发展。同时，也将有助于实现共同富裕的目标，让更多的人享受经济发展带来的成果。

建立一个稳固和健全的机制，有助于激发社会财富的活力和创造力，促进社会财富的进一步发展和持续增长。在未来的发展中，需要注重发挥民间力量的作用，来实现经济发展和社会进步的双重目标。

第八，极致性价比经济模式。

共同富裕的目标是推动低收入者的收入提高和中等收入者的群体扩大。实现共同富裕还意味着需要打造一批相对应的"极致性价比经济"，提供更低成本的高质量产品和更合理成本的高性价比服务。当前连续出台的政策打压畸形消费，就是为了引导社会需求的健康化和可持续性。

未来，极致性价比的经济模式将成为中国的主流经济机会。随着低收入者的收入提高和中等收入者群体的扩大，性价比经济覆盖的人群会进一步扩大，超级性价比经济将是共同富裕背景下真正的产业机会。将来，通过提供更低成本、更高质量的产品和更合理成本的高性价比服务，可以让更多人享受经济发展的成果。

此外，实现共同富裕还需要注重推动产业升级和创新发展。只有通过科技创新和产业升级，才能够提高产品和服务的质量与性价比，从而更好地满足消费者的需求，促进经济的可持续发展。

实现共同富裕的关键变量：劳动、资本、权力

扎实推进共同富裕，需要着力于劳动、资本、权力的"三维同构"：要想方设法提高劳动报酬；要遏制资本的掠夺性增殖；要遏制权力扩张，

杜绝权力腐化。

1. 想方设法提高劳动报酬

实现共同富裕是中国特色社会主义的基本要求。其中，提高劳动报酬被认为是实现共同富裕的根本之策和重要支撑。这是因为劳动报酬是劳动者获取财富的主要途径。通过提高劳动报酬，可以在初次分配中合理地分配社会财富，使得大多数劳动者能够获得较多的财富，从而实现共同富裕的目标。

作为我国共同富裕以劳动群众为主体的"人民性"最好的体现，提高劳动报酬在初次分配中的比例具有非常重要的意义。只有提高劳动报酬在初次分配中的比例，才能最大限度地扩大中等收入人群的规模，让更多人分享社会财富。这对那些受过高等教育的大学生、拥有专门技能的技术工人、小企业主、优秀的进城农民工、公务员和国有企事业单位基层职工等人群来说尤为重要。这类人群在社会中扮演着重要的角色，他们的奋斗和劳动是推动社会进步和经济发展的重要力量，只有让他们获得应有的回报，才能更好地激发他们的创造力和活力，推动我国经济社会的持续发展。

因此，提高劳动报酬在初次分配中的比例，是实现共同富裕的重要途径，也是构建和谐社会、推动经济发展的关键之一。要不断完善相关政策和机制，加强监管和调节，确保收入分配的公平合理，实现更高水平的共同富裕。

2. 遏制资本的掠夺性增殖

财富创造离不开生产劳动和资本。资本作为生产经营的本钱，不论好坏，都是必不可少的。但是，资本的获利方式存在着合法与违法之分。由于资本见利如同苍蝇见血，贪婪成性，为了谋取更大利益，人格化的资本往往会铤而走险，违背道德，甚至践踏社会法律。这种行为不仅伤害了社会公正和道德风尚，也给社会稳定和经济发展带来了严重的负面影响。

资本的增殖方式可以通过规制和导引来进行调节。就像洪水入渠，我们可以通过规制资本的行为，让其顺势而为，避免对社会造成损害，同时让资本的力量为社会发展做出更大的贡献。具体来说，可以采取以下措施：一是加强对资本的监管和监督，建立健全法律法规体系，制订并执行严格的市场准入标准和行业规范，确保资本运作的合法性和规范性。二是促进产业升级和创新发展，鼓励资本投资于科技创新和新兴产业，推动经济结构转型和经济高质量发展。三是加强社会信用体系建设，提高社会的诚信度和信任度，减少资本在市场中的不端行为和损害。四是加强对资本的教育和引导，督促资本负起社会责任，遵守商业道德和社会伦理，推动资本与社会和谐共处。

3. 遏制权力扩张，杜绝权力腐化

推动共同富裕的顺利进行，必须遏制权力寻租的腐败敛财行为。权力寻租是指公职人员利用其职权地位，以不正当的方式获取私利的行为。这种行为不仅严重侵犯了公民的合法权益，而且也会破坏市场经济的公平竞争环境，阻碍社会资源的合理配置，对共同富裕的实现产生严重的负面影响。

为了遏制权力寻租的腐败敛财行为，需要对权力进行规范、限制和约束。遏制权力寻租，从根本上讲是我们党巩固执政基础和实现共同富裕的必然要求。具体措施包括建立健全反腐败法律法规体系，加强对公职人员的监督和管理，完善公职人员收入制度，提高权力运行的公开化和透明度，推进依法治国等。只有通过有效的制度和管理措施，才能从根本上遏制权力寻租的腐败敛财行为，促进社会公平正义，推动实现共同富裕。

第四章
创新消费领域财富分配模式，
助力实现共同富裕

　　共同富裕是一个系统性社会性工程，实现的路径也是全方位多层次多路径的。比如，促进经济增长，激发经济活力，提高收入水平，创新保障制度，推动科技进步，坚持扩大开放等，是从增加社会财富角度来实现共同富裕。但最基本的实现路径是通过社会财富分配环节来实现共同富裕，这是真正从分配的角度来实现共同富裕。

　　本章从社会财富分配的角度来剖析实现共同富裕的基本路径，明确通过消费领域的财富分配是当前社会较为积极且主要的途径。

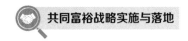

社会财富分配是实现共同富裕最基础最重要的环节

社会财富是指劳动人民在生产过程中创造出的在社会生产和生活领域具备使用价值的物质，具体包括自然资源、劳动产品、知识技术产品等。

1. 社会财富分配是每个人的基本要求

马斯洛认为，人都潜藏着五种不同层次的需要，由低到高逐渐实现，如图 4-1 所示。

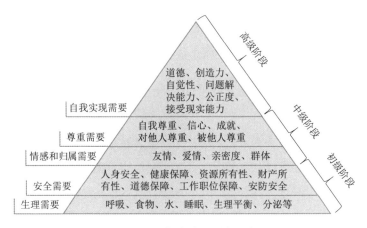

图4-1 马斯洛需要层次理论

第一层次是生理上的需要，这是人类维持自身生存的最基本要求，包括饥、渴、衣、住、行等方面的要求。如果这些需要得不到满足，人类的生存就成了问题。

第二层次是安全上的需要，这是人类要求保障自身安全、摆脱失业和丧失财产威胁、避免职业病的侵袭、接受监督等方面的需要。

第三层次是情感和归属上的需要，包括两方面的内容：一是友爱的需要，即人人都需要伙伴之间、同事之间的关系融洽或保持友谊和忠诚；人人都希望得到爱情，希望爱别人，也渴望得到别人的爱。二是归属的需要，即人都有一种归属于一个群体的感情，希望成为群体中的一员，并相互关心和照顾。感情上的需要比生理上的需要来得细致，它和一个人的生理特性、经历、教育、宗教信仰都有关系。

第四层次是尊重的需要，即人人都希望自己有稳定的社会地位，要求个人的能力和成就得到社会的承认。

第五层次是自我实现的需要，这是最高层次的需要，是指实现个人理想、抱负，最大限度发挥个人的能力，完成与自己的能力相称的一切事情的需要。

2. 社会财富分配是解决日益扩大的居民收入差距、实现共同富裕的基本渠道

当前，中国居民收入差距持续变大，相对贫困问题日益突出，可以用基尼系数来衡量。基尼系数是国际上用来综合考察居民内部收入分配差异状况的一个重要分析指标，数值在 0 和 1 之间，且数值越大，差距越大。

据国家统计局数据：中国居民收入的基尼系数 2003 年是 0.479，2012 年是 0.474，相对稳定。西南财经大学中国家庭金融调查与研究中心报告显示：2013 年 10% 的家庭占有全部财富的 60.6%，基尼系数 0.717。

从以上数据可以看出，这些年，居民贫富、城乡居民收入、行业收入、地区收入四大差距都在被逐渐扩大。2016 年城镇人均可支配收入33616 元，农村居民人均可支配收入12363 元，差距 2.7 倍；2022 年城镇人均可支配收入 49283 元，农村居民人均可支配收入 20133 元，差距 2.44倍。2022 年信息传输、软件和信息技术服务业平均工资 123894 元，金融业 110304 元，农、林、牧、渔业为 42605 元，住宿和餐饮业为 47547 元，

行业相差 2.9 倍。国家统计局网站公布了全国 31 个省份 2022 年居民人均可支配收入情况，上海 79610 元一马当先，甘肃省 23273 元，地区相差 3.4 倍。

初次分配是社会财富分配的最主要形式

社会财富分配就是一个以什么方式、标准和依据来分配社会财富的过程，目前通行的做法是财富的三次分配。党的二十大报告对于完善收入分配制度提出了构建初次分配、再分配、第三次分配协调配套的制度体系要求。

1. 财富的三次分配含义

财富的三次分配是指社会财富按照三个维度渐次进行分配的过程。第一次分配是由市场按照效率原则进行的分配。初次分配的结果是不同要素所有者凭借其要素而取得的，表现为工资、利润、利息和地租等基本原始收入；第二次分配是由政府按照兼顾公平和效率、侧重公平的原则，主要通过税收、财政支出和社会保障这一收一支来调节社会财富的分配；第三次分配是在道德力量的推动下，通过个人自愿捐赠而进行的分配，是企业或先富起来的个人出于道德责任感或同情心，自愿把自己的财富捐赠给社会、组织或他人。比如，为希望工程捐款，为抗震救灾捐款，为家乡捐款等。

在初次分配方面，市场机制应发挥最大作用，完善各生产要素的报酬机制，坚持多劳多得，提高劳动报酬。第二次分配方面，政府发挥重要作用，构建公共政策体系，完善再分配调节机制，通过增强基本公共服务来促进分配。在第三次分配方面，社会组织、企业和个人应发挥作用，发展社会公益事业，鼓励富裕者自愿帮助贫困阶层，改善他们的生活。

2. 财富三次分配之间的关系

社会财富主要通过初次分配来实施，但市场分配因为市场的自发性从而具有分配不公的一面。这就需要政府设定制度进行再分配，制度的作用是有限的，所以还要进行社会伦理的第三次分配。

初次分配是基础，决定了每个人按照贡献、多劳多得、资本多少逐利等原则获得的财富多少。又如劳动工资、创业收益、资本投资收益等，都是当前居民主要的收入来源。但由于个体的特殊情况，获得相关资源的情况不同，包括所在行业、所在地区、所在城乡，付出同样劳动分配的财富是有差异的。这个差异在国内已经逐步扩大，因此需要二次分配来调节，即政府通过税收、财政支付、社会保障等手段对初次分配进行调节。二次分配是为了更加公平，根据差别的分配原则来对社会不利者进行补偿，通过各种财政制度和社会保障制度来缩小贫富差距，但其调节力度还是有限的，需要三次分配来补充调节。三次分配完全是社会自主形成的分配调节机制，由于其自发性，在当前社会经济条件下，对财富分配的调节力度是最弱的。

3. 当前初次分配的主要方式

根据社会财富的源泉（劳动、知识、技术、信息、管理、资本、土地等）不同，对财富的分配方式也不同，主要有：

一是按劳（劳动时间、数量、强度等）分配，即薪酬收入是最主要的分配方式。据国家统计局数据，在人均收入中，工资性收入的占比最大，基本占到人均收入的六成左右。

二是按资（资本）分配，分配的大小，取决于资本积累的程度，在居民各项收入中收入差距也是最大的。

三是按知（知识，如学历、职称等）分配，目前已基本解决了知识分配低的问题。

四是按能（实际能力，包括官员的管理能力等）分配。

五是按技（特殊技能，如演艺唱、运动、技巧等）分配，是少数人的分配。

六是按绩（劳动绩效）分配，是对组织、团队所做贡献（除劳动力外的）的补偿分配，在居民收入中也普遍存在。

七是按德（道德品质）分配，主要是奖励。

由此可见，初次分配是社会财富分配的最主要形式。

消费领域的分配已越来越成为社会财富分配的主要趋势与内容

消费领域是指商品与服务完成生产制造后送达消费者使用的环节，通常也称为商品营销与流通。消费领域的分配是初次分配的内容之一，主要是对消费流通环节财富的分配，在当前的数字经济时代，这已成为初次分配的主要内容。

1. 随着科技的进步，消费领域将承载越来越多的就业

人工智能的广泛应用，如数控机床、自动流水线、智能制造等。在国内已经出现了黑灯工厂，大量的制造业工人被挤出就业队伍。中医数字化后的检测设备，通过大数据分析，只要3分钟就能出具描述人体十二脏腑健康的报告，而且准确率高（笔者亲身体验），让医生面临失业的可能。自动炒菜机、自动洗碗机等厨房设备的出现，可能让厨师失业。优步的出现可能令出租车司机失业，自动驾驶可能令司机这个职业消失。富士康公司正大规模增加制造业机器人，阿尔法围棋击败了中韩顶尖高手等。由此，英国牛津大学学者弗雷和奥斯本预言，在未来 10 ~ 20 年间，美国 47% 的工作被自动化取代的风险很高；卡内基梅隆大学工程学院研究员瓦德瓦的观点更极端，他预言，在未来 10 ~ 15 年内，80% ~ 90% 的工作岗位将因为技术进步而消失。

研究发现，有两大类职业较难被科技进步取代：一种是"抽象"职业，即那些需要直觉、创造力、说服力的工作，如工程师、教授、管理人员等；另一种是需要"动手"的职业，即那些需要环境适应能力、视觉和语言辨识能力，以及人际交往能力的工作，如护士、保姆、手工艺术家等。而最受冲击的是介于其间的"中等技能"职业，如销售人员、行政文员、制造业工人等。

目前，从各行业就业数据看，消费领域所在服务业将是未来就业主战场。据中国社会科学院财经战略研究院对外发布的《平台社会经济价值研究报告》预测，到 2025 年，服务业增加值占 GDP 比重、服务业从业人员占全部就业人员比重将分别达到 59.05%、54.96%。与此同时，伴随国民消费结构进一步优化升级，届时服务消费占居民消费支出比重将超过一半。

科技发展可以提高生产力和经济增长率，创造就业机会，提升生活质量，促进全球化和社会发展。但是，科技发展也会带来结构性失业和技能流失、环境污染、人类智能和价值丧失、信息和隐私泄露等问题。就业人口从第一产业、第二产业向第三产业转移不可避免。

2. 商品承载了社会财富分配的价值和使命

首先，商品是财富的主要内容之一。根据政治经济学，财富是商品和剔除商品后的资产。其中，商品是用来交换的物品，因为商品有所有权，如果把商品的所有权定义为物权，那么，商品交换的原因就是因为物权。没有物权的物品是不需要交换的，空气没有物权，随时用、随时吸。资产就是财产，包含商品、货币、股票、有价证券等，有的有具体的形态，更多的是无形的。

其次，商品只有流通起来才有价值。商品的价值是由生产该商品的社会必要劳动时间决定的，但生产出来的商品堆积在仓库时是没有价值的，只有通过流通才会实现商品的价值。以货币为媒介的商品交换是商品流通。货币出现之前，商品的价值通过与另一种商品交换来实现；货币出现之后，商品的价值通过以货币为媒介的商品交换即商品流通来实现。商品流通不创造价值，却是实现价值的唯一途径。

最后，商品流通过程是财富分配的过程。众所周知，商品从生产者手中到消费者手中，是要经过流通环节的。参与流通环节的行为称为销售，商品的价值包含了销售费用，而参与销售取得销售费用，就是参与了财富的分配。

在改革开放初期，生产力低下，商品极度匮乏。在当时，只要摆个地摊，开个小店，搞个产品代理……就能很容易赚到钱。因为商品承载了社会财富分配的价值和使命，只要胆大，参与商品销售流通的任何一个环节，小本钱做投资，无论是做总代理、批发商，还是零售商，都是参与了社会财富的分配，挣钱也便是水到渠成的事。我们将这个时代称为个体经济崛起的时代。当时的商品销售流通模式，解决了我国大量国企下岗工人和农村剩余劳动力的就业、创业等问题，个体经济迅速崛起，为中国经济发展做出了重要贡献。

自改革开放以来，中国迎来了七八波财富浪潮，但每一波浪潮中，财富的分配方式并没有实质性的改变。以手机为例，它经历了配件供应商—生产商—品牌商—大区代理—省级代理—市级代理—县（区）代理—终端商场/门店等流通渠道，最终到消费者手里。如果它的市场价是 5000 元，生产成本为 2000 元，那么其中的 3000 元由供应商到终端门店这群人瓜分，手机这个商品则承担了该行业社会财富分配的价值使命。

因此，在 20 世纪八九十年代，参与商品销售流通的任何一个环节，都能挣到钱。加之当时商品紧缺，是典型的卖方市场，因此就形成了一个"钱好赚，生意好做"的黄金时代。

3. 共同富裕的分配模式——多数人参与消费领域的分配

在市场经济中，由于商品承载了社会财富分配的价值和使命，商品代表着财富，因此生产商品和拥有制造商品的工厂、各级代理商、零售商是社会财富分配的主要参与者，而占社会大多数群体的消费者并没有参与到自身消费的分配，因此市场经济是少数人的分配。例如，在改革开放初期，有一句话叫"无商不富"，是说你只要能够成为某一个品牌的代理商，或者开一个店铺，就能成为万元户。

在传统的经济体系中，所有的分配都是围绕商品展开的。消费者的每一笔消费都是工厂、总代理、批发商、零售商等产业链上少部分群体参与财富分配，而占大多数的消费者不能参与到自身的消费分配中。

现在流行的直播带货，是指商品由带货主播甚至工厂老板直接在直播间向消费者兜售。商品由工厂直达消费者手中，原先存在的中间代理商、终端零售商逐步被淘汰，失去了参与社会财富分配的资格。

从多级代理到直播带货，"避免了中间商赚差价"，看似对消费者、厂家是一个双赢的行为，但长久下去是一种"自我毁灭"，是一种"多输"的结局。因为直播带货破坏了一个群体付出多个群体获利的社会关系模

71

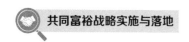

式，却没有建立起一个新的平衡关系，因此对整个产业链是一个巨大的打击。

改变少数人参与分配，把占社会多数的消费者升级为经营者，参与到自身消费的分配中；并以股东身份，根据自己对企业等生态组织贡献的大小，参与整体未来价值和红利分配，真正形成"共同参与、各取所需、共享红利"的共同富裕模式。

消费领域的共同富裕模型

1. 什么是消费领域的共同富裕

把广大的消费者变成既是消费者又是销售者，或者是消费经营者（改变生产关系），改变少数人参与消费领域的财富分配，让大多数人共同参与、各取所需、共享红利的发展模式就是消费领域共同富裕。

2. 消费领域的共富模型——数商共富系统

（1）数商

数商，就是数字营销商，他们的角色包括数字代理商、数字批发商和数字零售商，分别对应了传统渠道的总代理、批发商和零售商的角色。

数商是历史发展的产物。20 世纪的表现形式为商铺，即拥有一个实体店铺的营销商（店主）。随着互联网、电商平台的兴起，出现了互联网电商，如淘宝店主。数字经济时代，由于数字化进程，产生了数商（数字营销商）。

贡献值，是指消费领域参与者对其消费行为所做的奖励或财富分配，以绿色消费积分为单位计数。

绿色消费积分，是指消费者在进行消费后，企业给予消费者的一种反映贡献的记录凭证，可用于兑换商品或服务，可在符合标准的合规的结算中心结算成现金，也可以兑换企业的利润分红权或资本收益权。绿色消费积分是指贡献值的凭证，就是贡献值。

绿色消费积分是有价值的，有直接的资金支撑。资金来源于营销费用，绿色消费积分价值＝商品零售价－生产成本。如一个商品零售价格100元（含税），生产成本（出厂价）40元（含税），则差价60元就是绿色消费积分价值。

（2）数商共富系统

数商共富系统是国务院公报2023年第1号关于"形成依法规范、共同参与、各取所需、共享红利的发展模式"在消费领域的具体落地方式。主要内容如下：

升级传统时代的代理商、批发商、零售商为数字时代的数字代理商、数字批发商、数字零售商，改传统电商平台为以数字化为基础的个人数字店铺，变消费者为消费经营者即数商，消费者既是消费者，又是销售者。数商以家庭年消费总额作为自己数字店铺的年销售总额，这样就有数字零售商的收入。接下来开发市场，有了A、B、C、D、E、F……数商连锁店，此时就拥有了数字批发商的第二笔收入。再接下来，协助A、B、C、D、E、F……连锁数商开发他们的连锁店，此时就拥有了数字代理商的第三笔收入。数商与铺商、电商的区别是，铺商、电商均需单店销售越多越好，而数商是销售量一定，还可以开发更多的数商，进而取得"批发与代理性"收入。每一位数商都集数字零售商、数字批发商、数字代理商三个角色于一身，并获分配收入，每三层就构成一个共同富裕的组件模块，N个组件模块组成企业的新销售渠道或营销生态，即数商共富系统。这就是消费领域的共同富裕基本模型。

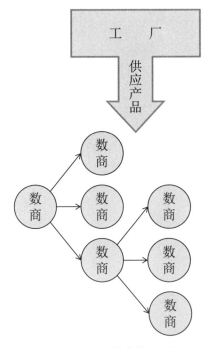

图4-2　数商共富系统

（3）数商收入模型

根据体系模型设定模型规模，你是数字零售商角色时就只有你1家；你是数字批发商角色时开发了10家数字零售商，你是数字总代理角色时则开发了100家数字零售商，即你所开发的数字批发商也各自开发了10家数字零售商，即以 1→10→100 连锁店规模计算收入模型。

假设平均商品贡献值分配表如表4-1所示。

表4-1　平均商品贡献值分配表

角　色	分配系数
数字零售商	20%
数字批发商	10%
数字总代理	5%

以数商年平均销售额 10 万元计算，一个标准数商会同时具备"数字零售""数字批发""数字总代理"的三种身份收入，则收入如下：

数字零售商角色收入：10 万 ×20% ＝ 2 万 / 年

数字批发商角色收入：10 万 ×10 个连锁店 ×10% ＝ 10 万 / 年

数字总代理角色收入：10 万 ×100 个连锁店 ×5% ＝ 50 万 / 年

合计收入：62 万 / 年

3. 共富模型与传统模式的比较

共富模型与传统模式的比较如表 4-2 所示。

表4-2　共富模型与传统模式的比较

时代	改革开放初期	互联网时代	数字经济时代
名称	铺商	电商	数商
角色	代理商 批发商 零售商 各角色各自独立	代理商 批发商 零售商 各角色各自独立	代理商 批发商 零售商 三者合一
消费者定位	消费者仅消费	消费者仅消费	消费者也是销售者，即消费经营者
商品流转方式	自提	物流配送	物流配送
营销目标	单店销售越多越好	单店销售越多越好	单店销售一定
收入方式	商品差价	商品差价	价值分配

4. 数商共富系统平台

承载消费领域共富模型的系统，我们称为数商共富系统平台。数商共富系统是一个基于网络的平台系统，应用互联网、物联网、区块链、大数据分析、人工智能等技术打造而成，主要功能模块包括：数商下载申请成为数商模块、数商管理模块、数商店铺开店模块、商品展示模块、商品交易模块、支付模块、物流模块、订单模块、贡献值智能合约模块等，是数商参与消费领域财富分配的智能工具和基础设施。

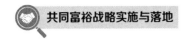

5. 共富模型可实现大多数人的共富

（1）参与门槛低，大多数人可参与。对每个数商创业者而言，只要自己的家庭成员在自己的数字店铺消费，就可享有数字零售商的收入，也即等于参与了商品流通财富的分配。

（2）不需要刻意去推销，只需要和朋友分享就是开发市场。他们在自己的手机上下载 APP，生成自己的数字店铺，就可成为虚拟的批发关系，享有数字批发商的收入。同样的道理，你的朋友也愿意去分享开发市场，他们形成虚拟批发关系，而你已与他们形成了虚拟代理关系，享有数字代理商收入。

（3）按照三个角色集一身的数商，其在参与消费领域分配所得可达 60 万元 / 年，基本达到了中上水平的收入档次。据国家统计局数据，2022 年居民人均收入最高的上海市为 79610 元，按一户家庭三口有收入人口计算，年收入为 238830 元。

消费领域共同富裕模型的科学认证

消费领域共同富裕模型的提出，得到了浙江大学的关注，数学科学学院对此模型进行了认证，由华罗庚的学生、博士生导师、省政府参事、国务院政府特殊津贴获得者刘祥官教授主持，认证结论：基于华罗庚管理科学理论，对数商组团生产型销售新模式的研究与大数据计算分析可知，数商组团系统是一种可持续发展的新模式。同时它又是一种能够促进各层次人员逐步提高科学管理水平和共富的销售新模式。

在其推广应用中应当根据平台经济的具体情况，优化和求解确定数商组团系统的相关参数，从而起到调动各个层次人员积极性，促进平台经济发展的目标。

1. 三层次数商组团营销新模式的基本架构

数商生产型消费组团分为三个层次：代理商—批发商—零售商。组团的上层为代理商，它管理着 p 个批发商（如 $p=10$ 或 $p=5$ 等）；中层为批发商，每一个批发商管理着 q 个零售商（如 $q=10$ 或 $q=5$ 等）；基层零售商即家庭成员中的一个代表，在完成每年家庭消费额 M（万元）的同时，也赢得了作为零售商的收益。

每一个零售商的收益率为 r_1，于是他完成销售额 M（万元）获得的收益额 X 是：

$$X = r_1 \times M（万元）\tag{式1}$$

每一个批发商的收益率为 r_2，于是他完成管理 q 个零售商销售额 $q \times M$，因此一个批发商的收益额 Y 为：

$$Y = r_2 \times q \times M（万元）\tag{式2}$$

每一个代理商的收益率为 r_3，他管理着 p 个批发商和 $p \times q$ 个零售商。整个组团的人数共计为 $p+p \times q$，完成的销售额总计为 $S = (p+p \times q) \times M$，因 p 的销售额已经在式2中计算了，因此组团的代理商的收益额 Z 是：

$$Z = r_3 \times S = r_3 \times p \times q \times M（万元）\tag{式3}$$

对上述 3 个公式，如果设定数商组团的参数：

$p=10$，$q=10$，$r_1=20\%$，$r_2=10\%$，$r_3=5\%$，$M=10$（万元）

那么就可以得到数商组团的收益额分配是：

由式 1 一个零售商的收益额：$X = 20\% \times 10 = 2$（万元）

由式 2 一个批发商的收益额：

$$Y = r_2 \times q \times M = 10\% \times 10 \times 10 = 10（万元）$$

由式 3 一个代理商的收益额：

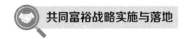

$$Z = r_3 \times p \times q \times M = 5\% \times 100 \times 10 = 50（万元）$$

一个组团的收益额合计为：

$$X + Y + Z = 2 + 10 + 50 = 62（万元）$$

这是在年销售额 $\sum = 1110$ 万元条件下，数商生产型销售的效益分配。

当然上述分配模型可以根据实际情况进行参数调整，效益分配额也随之变动，从而对组团共富的比例进行调整。

2. 数商组团系统

数商作为平台经济营销的一种新模式，其平台条件特点是：作为数字经济平台，它与实体经济不同，不需要更多的资本投资来发展实体店面。但是，上一级对下一级的销售活动存在着组织、指导与拓展关系。当代理商拓展批发商和零售商达到一定数量时，数商既是销售者，又是消费者，同时通过自身的努力，提高管理水平，发展下一层次的营销数量，他就可以升级为上一层次的管理者，因此获得更多的效益。

三层次数商组团序列的延伸发展，在数学上形成了一个集合，或称为数商组团系统。系统序列如下：

$$N = (S_1, \ S_2, \ S_3, \ S_4, \ \cdots S_K \cdots) \qquad （式4）$$

对此数商组团系统，可以分隔为组团序列 NK：

$N_1 = (S_1, \ S_2, \ S_3)$；$N_2 = (S_2, \ S_3, \ S_4)$；$N_3 = (S_3, \ S_4, \ S_5)$；$\cdots$

$N_{K-2} = (S_{K-2}, \ S_{K-1}, \ S_K)$；$N_{K-1} = (S_{K-1}, \ S_K, \ S_{K+1})$；$N_K = (S_K, \ S_{K+1}, \ S_{K+2})$

由组团序列的结构可知：下一个组团 N_K 的代理商 S_K 是上一个组团 N_{K-1} 的批发商，也是更上一个组团 N_{K-2} 的零售商。下一个组团 N_K 与上一个组团 N_{K-1} 有 2 个层次交叉：S_K，S_{K+1}。这样设计就为组团管理层次的提高提供了上升发展的空间，即上一层次的销售商，经过 2 阶组团的努力和历练，他也可以成为新的组团的代理商，从而进入共富的高阶层级。这样的共富发展模式，不是依靠上一级管理者的"提拔"，而是依靠自身实际营销的业绩和管理发展的层级。显然，这样的架构是能够充分调动经营者的积极性的。另外，此组团模式又是有约束条件的：代理商效益分配在一个组团中是封顶的，不会随着组团序列的延伸而无上限递增。这是数商组团模型与传统模型的本质区别。

3. 数商组团系统发展规律

我们遵照数学家华罗庚的管理科学理论，特别是其中的"大统筹、广优选、建系统、理数据、策发展"等诸项方针原则，对模型进行设计和论证。显然，从数学规划角度，数商生产型共富模型必须引入约束条件，就是由一个组团纵向延伸发展的系统，其代理商的收益额必须是封顶的。但在这样的约束条件下，代理商是否就没有发展空间了呢？不是的。因为组团序列还可以开辟新的组团，即横向发展新的组团。

对于管理能力很强的经营者，他可以在原来的组团之外，发展新的组团。即在纵向发展组团序列的同时，开发发展横向组团序列，构成纵横交叉的发展模式。这就是决策树发展模型。

4. 组团模式与达到的共富目标（代理商数量）

按照等比序列来计算数商组团系统中能够达到代理商收益额的群体比例。

纵向发展的数商组团系统的有关计算公式分析：

纵向发展的数商组团系统记为 N，则有：

$$N = （S_1，S_2，S_3，S_4，……S_K，S_{K+1}，S_{K+2}） \qquad （式5）$$

在这个系统中，只有 S_{K+1} 为批发商，S_{K+2} 为零售商。序列前 K 个子系统 $N_0 = （S_1，S_2，S_3，S_4，…S_K）$ 的各个成员都已经上升到代理商层次。当 $p=q$ 时，得到序列为：$N_0 = （1，q，q_2，q_3，……q_{K-1}）$。

（1）按照等比级数求和公式，得知代理商人数总和 R_0 为：

$$R_0 = (q_{K-1}) / (q-1) \qquad （式6）$$

（2）数商组团系统 N 的人数总和 R 为：

$$R = (q_{K+2}-1) / (q-1) \qquad （式7）$$

（3）数商组团系统年销售总额为：

$$\sum = M \cdot R = M \cdot (q_{K+2}-1) / (q-1) \qquad （式8）$$

（4）代理商的人数总和占数商组团系统总人数的比例是：

$$\alpha = R_0/R = [(q_{K-1}) / (q-1)] / [(q_{K+2}-1) / (q-1)]$$

$$= (q_{K-1}) / (q_{K+2}-1) \qquad （式9）$$

依此公式计算可知：当 $q=10$ 时，代理商的总数在 1% 左右；当 $q=5$ 时，代理商总数不超过 4%。因此，如果以进入代理商层次为共富目标，在 $q=10$ 的条件下，数商组团系统的共富比例仅有 1%。

5. 如何调整零售商、批发商与代理商三者收益额的比例

调整零售商、批发商与代理商三者收益额的比例，可按照公式（10）的参数进行调整：

$$X : Y : Z = r_1 : r_2 (q+1) : r_3 (q_2+q+1) \qquad （式10）$$

从式 10 可知，q 值是调整比例的关键因素，q 越大，管理难度越大，三者收益额的差距也越大。反之，调小比例 q，即管理范围缩小，那么收益额的差距也就调小。

消费领域共同富裕模型的理论基础——通证经济

1. 什么是通证

通证是价值的载体、权益的凭证，是优惠券、购物券、身份证、学历文凭、票据、油票、粮票、布票、门票、积分、证券、基金等的统称。

2. 什么是通证经济

通证经济就是将通证数字化、可信化、通证化，协同相关资源发挥作用，推动生产力与生产关系发展的经济形态，其本质是改变生产关系和财富分配方式。

3. 通证经济的理论基础与底层商业逻辑

通证经济的理论基础主要有：现代营销学之父菲利普·科特勒："公司发展到最后一个环节就是把客户变成股东。"陈瑜教授《消费资本论》："企业应当把消费者的消费视作是对企业的投资。"

通证经济的底层商业逻辑主要内容：

（1）商品承载了社会财富分配的价值与使命

首先，商品是财富的主要内容之一。其次，商品只有流通起来才有价值。最后，商品流通过程是财富分配的过程，即销售，参与销售就是参与了财富的分配。

（2）消费者替代中间商参与了商品流通的财富分配链条

在通证经济形态中，搭建销售渠道就是搭建财富分配系统，消费者将替代传统的流通中间环节，成为数字化的中间商，比如，数字总代理、数

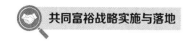

字批发商、数字零售商等。

4.通证经济的历史溯源

通证经济是毛泽东思想的延续，是红色基因的传承。早在1922年，毛泽东在安源煤矿创立了工人消费合作社。参与合作社的工人既是消费者，也是股东，即"消费股东"。工人在取得劳动报酬的同时，又可以获得合作社的利润分配。工人消费合作社是早期消费股东的典型代表。

改革开放前的人民公社／生产大队的"工分"制，是把村民看作股东，只要他们参与劳动，就能获得"工分"。这种模式的内涵就是按照按劳分配原则，以大家的"工分"（贡献值）多少，进行集体财富的分配，体现了多劳多得、少劳少得、公平分配的基本理念。这个"工分"就是通证，这种分配方式就是通证经济分配方式。

5.通证经济的本质

通证经济的本质是改变生产关系和财富分配的方式，由此必将带来一场巨大的商业变革，主要表现为：

（1）消费者既是消费者同时也是经营者，既是企业员工也是企业股东。在消费领域，通证经济改变了以往只有代理商、批发商、零售商等参与商品财富分配的模式，建立了包括让消费者也参与商品财富及企业价值分配的新模式。消费者与经营者、员工与企业主不再是对立的生产关系，而是一个统一的利益体。

（2）大多数人参与了财富的分配。例如，消费者成了消费经营者，参与了商品流通环节的财富分配；企业员工以自己对企业的贡献，参与了企业利润的分配。

6.通证经济的再次兴起是实现共同富裕的客观要求

实现共同富裕是国家的战略要求和历史使命。党的二十大之后，中共中央第一场新闻发布会就明确指出：要"完善财富分配制度"，以贡献值为依据，按劳分配，多劳多得。要"规范财富积累机制"，建立财富共建与价值共享机制，防止社会财富两极分化。通证经济的本质，完全符合这一要求。因此，通证经济的再次兴起，符合了国家形势和政策方向，是实现共同富裕的客观要求。

7. 通证经济的价值和意义

（1）通证经济是与共同富裕相匹配的经济形态，必将引领实现共同富裕。它建立了普通人参与财富分配的模式，为共同富裕提供了路径。少数人的富裕不是共同富裕，只有大多数人的富裕才是共同富裕。

（2）通证经济改变了对立的生产关系，建立起利益和谐统一的生产关系，必将极大地激发积极性，解放生产力，推动社会经济的新一轮发展。

（3）在通证经济形态下建立的生态组织，对消费者来说，无假货困扰，从此保障了健康与生命安全。对企业来说，解决了销售难题，从此可以专心生产与再研发。低价将无生存空间，高品质的产品受到欢迎。因为大家参与了消费环节的分配，高价不再是限制人们消费的因素，从而也推动了产品的高质量发展。

消费领域共同富裕模型的可行性

1. 技术进步为解决经营场所提供了条件

在传统模式下，商品流通环节的参与者从事销售活动，必须配置门店，设置商品展示场所，即开线下商店、店铺，因此只有少数人能参与其中。但现在人们只要有一台手机，下载数商共富系统平台，注册成为数商即可参与消费领域的财富分配。

数商共富系统的快速、安全运行，给用户带来了良好的体验，这主要得益于科技的发展和互联网的应用，主要包括：

（1）5G 的应用，促使海量数据传输速度更快更好。同 4G 相比，5G 传输速率提高了 10 至 100 倍，峰值速率达到 10Gbps，时延低至 1 毫秒，能够实现每平方千米 100 万的海量连接。在电信运营商、设备厂商、行业企业的共同努力下，5G 在各行业应用加速落地，以其代表的信息通信基础设施也逐渐产生强大的推动作用，为数字化、智能化转型注入新动力。

（2）物联网的应用，有助于提高数商共富系统的效率。据预测，到 2025 年，物联网设备将达到 750 亿台。如此多的设备将产生海量数据，通过建立由人工智能和机器学习驱动的分析系统，来提高数商共富系统的效率，表现在：有助于构建智能连接产品，提供新的功能，提高产品的可靠性和利用率；有助于开拓新的商业机会，提供有意义的、量身定制的客户体验，降低运营成本，提高员工生产力和业务效率等。

（3）数据驱动为核心，有助于提供良好的共富产品和服务。对产生并已收集的海量数据进行评估与分析，将分析结果用于工作，有助于增强客户体验，优化运营，并将新产品和服务引入现实世界。

（4）人工智能的应用，促进了系统对数据的运用。人工智能的应用，已经在许多领域产生了影响，包括欺诈检测、投资服务和贷款审批。在零售部门，这是为个性化的优惠和促销，给客户一个方便的方式与品牌，增强了客户的体验感。数字化医疗检测设备可减少人为因素的诊断错误，智能机器人厨师设备可消除人的情绪、体力等对制作菜肴质量的影响。

2. 强大的供应链系统解决了商品供应问题

在传统模式下，商品流通环节的参与者从事销售活动，必须有自己的仓库用来存放商品，因此需要大量的资金周转。囤积商品既有机会也蕴藏了风险，销售情况好时需要大量商品，销售不畅则造成商品积压，占用资金，甚至因季节变化、新产品出现而造成库存商品销售不出去形成亏损。而供应链的出现，提供了解决方案。

供应链是指生产及流通过程中，涉及将产品或服务提供给最终用户活动的上游和下游企业所形成的网链结构，即将产品从商家送到消费者手中的整个链条。

供应链进入中国 20 余年时间，被国内的企业广泛接受并应用。数商共富系统的商品全部来源于供应链，供应链为数商共富系统提供了丰富的商品，完全可以满足家庭的消费，同时也解决了商品销售后的发货问题，全部由供应链系统解决。普通家庭参与消费领域的财富分配成为可能。

物流体系是物品从供应地向接受地的实体流动过程中，将运输、储存、装卸、搬运、包装、流通加工、配送、信息处理等基本功能实现有机组合而成的一个整体，是供应链系统不可或缺的组件。当前，国内物流企业已经取得了快速发展，如顺丰快递、京东快递等，可以实现数商共富系统商品快速送达消费者手中，增加消费者的消费体验感。

3. 基于区块链技术的贡献值体系，保障财产安全

第一，应用区块链技术保障了数商共富系统数据的安全、可信。

区块链是一个分布式的共享账本和数据库，具有去中心化、不可篡改、全程留痕、可追溯、集体维护、公开透明等特点。这些特点保证了区块链的"诚实"与"透明"，为区块链创造信任奠定了基础。区块链丰富的应用场景，基本上都基于区块链能够解决信息不对称问题，实现多个主体之间的协作信任与一致行动。

区块链是存储在网络中的虚拟数据库，网络中的每个用户都有数据库的本地副本。这种去中心化结构与加密过程的使用相结合，确保了数据库中的信息不会被用户秘密泄露。区块链的这种去中心化性质使供应链中的每一笔交易，从原材料的采购、生产到分销和最终产品的销售，都具有最

大的透明度。

第二，应用区块链技术打造的贡献值具有极高的资产安全性。

在数商共富系统中，各个数商角色的财富分配均用贡献值来记录，是消费者在开展消费后企业给予消费者的一种反映贡献的记录凭证。贡献值是有价值的，是财富的一种形态。

贡献值资产的安全是源于区块链是一种去中心化的分布式数据库，它由多个区块组成，每个区块都包含了一定数量的数据，每个区块都与前一个区块相连，形成了一个不可篡改的链条。因为数据不是集中存储在一个地方，而是分布在整个网络中，这使得攻击者要对整个网络进行攻击才能获取数据，难度非常大。而贡献值就是存储于这样的数据库之中，安全程度极高。

同时，区块链技术采用了多种加密技术来保障数据的安全性。首先，区块链中的数据是经过加密处理的，只有拥有私钥的用户才能访问数据。其次，区块链技术采用了哈希函数来保障数据的完整性。最后，区块链技术采用了非对称加密技术。非对称加密技术是一种加密方式，它使用了一对密钥——公钥和私钥。公钥是公开的，任何人都可以获得，私钥只有密钥持有者才能够获得。非对称加密技术可以帮助保障数据的机密性和完整性。

第三，智能合约，保障消费领域财富分配的自动化与公平性。

智能合约是一种在区块链上执行的自动化合约，能够在没有第三方的情况下自动执行程序。数商共富系统采用智能合约作为数据计算的核心技术，能确保系统自动运行与计算，消除人为干扰与破坏。智能合约可以根据预先设定的规则和条件自动执行收益分配操作，提高效率和减少错误。

4. 服务半径可行

服务半径就是服务的人数。数商共富模型要求数字代理商服务不超过

10 家数字批发商，数字批发商服务不超过 10 家数字零售商。这是科学合理的服务人数，在一个人的精力范围之内。

消费领域共同富裕模式的实践效果

消费领域共同富裕模式自 2022 年提出后，也有一些企业、生态组织按此进行了实践，并取得了良好的效果。

案例企业一：祥盛数据，所在地是浙江省杭州市。该企业是一家专业从事产业消费数据采集、分析、应用的公司，拥有强大的互联网、区块链、大数据专业技术人才队伍，百亿数据流量平台技术开发者，为众商通收银系统、圆生活商城及供应链、祥云手机操作系统、圆生活（YSH）通证及 DAO 云系统提供技术支持与服务。

从 2022 年 4 月开始，该企业以产业生态产品作为数商消费产品，以 APP 为数商应用载体进行模式推广，至今已产生数商 29 万人。其中拥有数字零售商、数字批发商、数字代理商三个身份数商 3.7 万人，占比 12.75%；数商系统消费额 33.89 亿元，产生贡献值积分 13.556 亿分，平均每个数商 4675 分，拥有三个身份的数商收入 10.35 万元。

案例企业二：天宝华仁健康，所在地是四川省成都市。该公司专注于心理健康和身体健康管理两个领域，重点围绕身体健康管理领域完善服务、产品、销售、运营等方面的能力整合。公司现有成都、长沙、广州、杭州四个销售运营中心。

从 2022 年 6 月开始，公司以健康养生产品作为数商消费产品，以 APP 为数商应用载体进行模式推广，至今已产生数商 5 万人。其中拥有数

字零售商、数字批发商、数字代理商三个身份数商 3 万人，占比 60%；数商系统消费额 5 亿元，产生贡献值积分 5 亿分，平均每个数商 16667 分，拥有三个身份的数商收入 3 万元。

从上述两个企业的数据看，消费领域共富模型的应用尚在起步阶段，拥有三个身份的数商人数尚在少数，需要更多的时间去积累；系统提供的消费品还不足以满足家庭日常消费所需，仅限于少数几个产品，一旦品种增加，家庭的消费都在数商系统实现，则产生的贡献值数据将进一步上升。由模型 1 → 10 → 100 结构，拥有三个身份的人数较少，是一个金字塔结构。但只要拥有两个身份，基本上就能满足自家的最低消费，为实现共同富裕打下基础。拥有三个身份角色的，则其收入已达 10 多万元，追上了2022 年国内人均可支配收入最高的上海市，基本实现了共同富裕的标准。

消费领域共同富裕模型的意义

消费领域共同富裕模型为我国实现共同富裕提供了一个可选择、可操作的方案。消费将是今后我国社会经济发展中最重要的内容，相比制造等其他环节，从消费领域推进实现共同富裕更具有现实意义。

1. 为实现共同富裕提供了一种可落地的方案

实现共同富裕对建设中国特色社会主义、夯实党的执政基础、实现中国式现代化和中华民族伟大复兴都具有重大意义。如此重大战略任务需全社会的共同参与，需做到：一要坚持以经济建设为中心，推动经济高质量发展，不断提高人们的生活水平。二要破除结构性不平等因素，实现基本公共服务均等化，增加人民福祉。三要防止两极分化，形成橄榄型分配结构，扩大中等收入群体比重。

消费领域共同富裕模型的提出与实践结果表明，这个模型是成功的，是有效的。消费领域共同富裕模型是基于科技的进步、互联网、物联网、区块链技术的应用而打造的网络平台，在当今手机大量普及，微信、支付宝大量使用的环境下，每个人都可以简单、轻松地参与和复制推广该模型。

2. 为解决社会就业问题提供了一种自主选择的机会

根据教育部统计的数据，2023 年普通高校毕业生预计将达到 1158 万人，比 2022 年增长 82 万。高校毕业生人数增加意味着就业是一个大难题。同时，受到疫情和经济下行的影响，存量就业群体也面临着结构性矛盾和转型升级的压力。上述两个因素叠加，使 2023 年的就业形势异常严峻。

从参与的难易程度、涉及面、收入等方面考虑，消费领域共同富裕模型为社会提供了一个容易参与的途径。高校毕业生、社会待就业人群都可参与进去，实现自主就业与创业。

3. 为建立公平公正的收入体系提供了一个解决方案

在过去，由于经济制度的不合理、公平意识的欠缺，以及地区天然资源的差异等原因，导致经济发展的不平衡，进而出现了收入的不平等。但不管经济状况如何，共同富裕都是中国特色社会主义的根本原则。在这一原则的指导下，结合当下互联网经济大行其道的现实环境，消费领域的共同富裕模型，为建立公平公正的收入体系提供了一个可供解决的方向和思路。消费领域的共同富裕模型，是指采用区块链技术，让大家的行动和所获得的报酬都通过智能合约的形式自动运行与计算。在这个过程中没有人为的干扰，从根本上消除了产生不公平收入的各种因素，是实现共同富裕的理想模型。

应用消费领域共同富裕模型的关键点

每一种模型的产生与应用都有其特定的条件与环境。在共同富裕大系统中，消费领域共富模型是从消费环节中提出问题并解决问题，因为经济活动是一个从需要—设计—生产—流通—消费到体验感的全过程。消费领域共富模型为我国实现共同富裕提供了一个可选择、可操作的方案。应用和发展消费领域共富模型，应注意以下几方面的配合。

1. 要注重消费升级产品

消费升级，一般指消费结构的升级，是各类消费支出在消费总支出中的结构升级和层次提高，它直接反映了消费者的消费水平和发展趋势。消费体制升级是中国经济平稳运行的"顶梁柱"，高质量发展的"助推器"，更是满足人民美好生活需要的直接体现。

中国进入高质量发展阶段，人民对美好生活的向往总体上已经从"有没有"转向"好不好"。在高质量发展理念引领下，政府顺应民众消费升级趋势，大力促进绿色消费、智能消费、健康消费。

数商共富系统更注重消费升级产品，这符合高质量发展的内在要求。而消费升级又将带动 GDP 的上升，自改革开放以来的三次消费升级，都大大推动了经济的发展。

消费升级产品意味着产品科技含量更高，智能化程度更高，产品价值更大。在这样的产品环境中，数商的财富分配增多，进而促进消费的增长，形成良性循环。

2. 需要政府管理的创新

数商共富系统必须遵守国家的法律法规，因此，要求参与系统的主体也要符合国家的法律要求，如依法纳税，个人、自由职业者就比较困难，需要进行适当的管理创新。

数商共富系统的参与者，在拥有数字零售商和数字批发商后，就需要办理营业执照。按照现行的工商登记注册制度，各项手续必不可少。而对广大系统参与者而言，办理登记注册制度困难较大的是经营地址的填写。由于系统参与者首先是消费者，提供不了符合工商要求的注册地址，所以需要在工商注册登记制度上进行创新。比如，设定在某个园区，可以一键生成个体工商户营业执照。取得了营业执照，才符合税法的要求，纳入征税范围。

相应地，对税收征管方法也要进行数字化创新，方便纳税。比如，税务系统可以与数商共富系统进行接口链接，纳税系统自动获取数商共富系统中的数据进行税额计算，再通过数商共富系统进行税务扣款，一方面保证税源，另一方面也方便数商纳税。

3. 需要利用区块链技术保障数商的贡献值资产安全

数商共富系统的贡献值通常以绿色消费积分来表示。由于区块链的特性，这个积分应采用链上生成并按智能合约的方式进行分配。数商分配所得的贡献值存储在区块链上，资产的安全就有了可靠的保障。

按照数商共富系统要求，绿色消费积分的结算需要由第三方机构来实施。一方面解决数商分配所得的税务问题；另一方面还可让结算体系体现其生态价值，即价格随价值的上升而提高。因此，也需要数商共富系统运营方与第三方价值结算在区块链技术的同一链上进行，以确保数商的权益得到保障。

第五章 重构收入分配，让百姓"钱袋子"鼓起来

对于收入分配制度的重构，党的二十大报告有了新说法，实践中应以此为据采取措施。如改善工资收入分配，推动共同富裕；增加就业机会，提高实际收入；打击非法收入，还富于民；通过税收调控，改善收入分配；采取措施，完善个人收入分配。此外要利用元宇宙底层技术助力实现社会化分配。

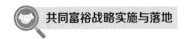

党的二十大报告对收入分配制度的新说法

党的二十大报告对于完善收入分配制度提出了两个新的说法：一个是要构建初次分配、再分配、第三次分配协调配套的制度体系；一个是要规范收入分配秩序和财富积累机制。这两个新说法明显透露出收入分配新动向。这里我们对此试做初步解读。

1. 构建分配制度体系

初次分配、再分配和第三次分配是分配制度体系中的三个环节，而要实现共同富裕，就要通过构建协调配套的分配制度体系来解决这些环节中存在的问题。

初次分配是指按照各生产要素对国民收入贡献的大小进行的分配，这个过程主要由市场机制形成。在初次分配中，劳动力市场、资本市场、土地市场等要素市场的完善程度对其效率和公平性都有着重要的影响。因此，初次分配的改革重点是要进一步完善要素市场，让其在资源配置中发挥决定性作用，实现要素资源的有效配置。另外，要消除要素市场中存在的分割、垄断、扭曲等问题，使要素报酬的分配更加公平合理。

再分配是指在初次分配的基础上，通过税收和社会保险系统等手段，把国民收入中的一部分拿出来进行重新分配，主要由政府调控机制起作用。在现代市场经济中，由于市场机制的局限，存在着收入不公的问题。对于再分配的改革，政府发挥更加积极的作用，通过收入分配政策、税收政策、转移支付政策等手段，解决收入分配不公和收入差距过大等问题，缩小城乡差距、地区差距和收入差距，提高社会福利水平。

第三次分配是指社会力量的动员，建立社会救助、民间捐赠、慈善事业、志愿者行动等多种形式的制度和机制，是社会互助对于政府调控的补充。在市场经济下，政府的再分配机制虽然可以缓解一部分贫富差距，但是仍然存在着一些弱势群体无法得到及时照顾的问题。因此，对于第三次分配的改革，需要建立更加完善的制度和政策，鼓励高收入人群和企业更多地回报社会，通过大力发展社会公益、社会慈善事业带动更多人致富，实现"先富带动后富"的目标。同时，第三次分配也应该在调节收入分配方面发挥更大的作用，让弱势人群和低收入人群通过三次分配获得更多好处，充分享受到发展成果。

2. 规范财富积累机制

当前，在我国的社会经济发展中，财产分配和收入分配是两个不可忽视的问题。首先，财产分配的影响不仅体现在个人和家庭层面，也涉及整个社会的发展和稳定。党的二十大报告中规范财富积累机制的提出，主要是针对当前我国居民财产分配差距过大的问题提出来的。在财产分配问题上，如何实现财产的合理公平分配，是解决收入分配问题的一个非常重要的环节。通过规范财富的积累机制，如在税收法定原则下，推动房地产税、资本利得税、遗产税等财产性税收改革，可以使得财富的来源更加公平合理，财富差距明显缩小。

不过，针对这三项的财产性税收改革应从长期视角看待。

房地产税是财产性税收的一种形式，其征收范围主要是房地产的所有权和使用权。经济学博士宁吉喆发表过一篇题为《构建初次分配、再分配、第三次分配协调配套的制度体系》的署名文章，提出要积极稳妥推进房地产税立法和改革。但是，当前的时间节点可能并非房地产税改革的最佳窗口期，试点工作是否推进需要在 2024 年及以后再进行观察，而相关

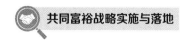

立法工作则需要更久的时间才能完成。

资本利得税是指对资本收益所征收的税费，遗产税则是指对遗产所征收的税费。二者在税收法定原则下立法进行改革，只是长期的改革方向，中短期内不太可能激进推动。由于资本利得税和遗产税的社会影响大、税制设计复杂等原因，因而其立法工作应该在未来 5 年到 10 年的维度上进行观察，中短期内同样不太可能激进推动。

虽然房地产税、资本利得税和遗产税都是财产性税收的重要形式，但鉴于上述原因，应稳妥地推进财产性税收改革，采取逐步推进的方式，不断完善税制设计和配套机制。

改善工资收入分配，推动共同富裕

积极主动做好深化企业职工工资收入分配改革，对于促进劳动生产率提高和居民收入增长，助力推进共同富裕，具有重要意义。由于历史和现实的原因，我国企业工资收入分配方面仍然存在一系列深层次的突出矛盾和问题。如工资分配改革与经济社会发展的协调性有待提升，职工工资决定和合理增长机制尚待健全，收入分配格局有待进一步优化等。鉴于此，建议采取以下方式。

1. 健全工资机制

健全工资机制可以促进劳动力市场健康发展，实现生产要素的市场评价和按贡献分配，来进一步提高劳动者的收入水平，促进经济社会的稳定发展。但在实践中，需要建立一些合理的政策和机制，来不断完善和优化工资制度，以适应经济社会的发展需要。

要完善更好体现人力资本价值贡献的收入分配方法。现在的收入分配存在很大的问题，一些人的收入过高，而一些人的收入过低，导致社会贫富分化现象严重。为了解决这个问题，需要建立一个更加公平合理的收入分配机制，把人力资本的贡献纳入收入分配的考虑之中。

首先，要完善国有企业市场化薪酬分配机制。国有企业是国家的重要经济支柱，但是在薪酬分配方面存在一些问题。为了更好地发挥国有企业的作用，需要建立一个市场化的薪酬分配机制，采用按绩效考核的方式来确定薪酬水平，提高国有企业的竞争力和创造力。

其次，要研究完善企业科技人才激励政策。科技人才是企业创新的重要力量，但是在激励方面存在一定的不足。为了更好地激励科技人才，需要制定一些合理的政策，建立一个科技成果转化收益分享机制，加强科技人才的激励力度。

再次，要健全中长期激励机制。中长期激励机制是企业发展的重要保障，可以促进生产要素的长期参与和价值分配。为了实现中长期激励机制，需要建立一些合理的制度和措施，促进劳资双方结成发展共同体，共同推动企业的发展。

最后，要维护劳动者的劳动报酬权。经济社会的发展催生了许多新就业形态，其中劳动者的劳动报酬权也需要得到维护和保障。为此，需要建立一些专门的政策和机制，促进新就业形态下劳动者的合法权益得到有效维护。

2. 理顺工资关系

理顺工资关系建议重点关注三方面的工作，包括完善最低工资制度、健全工资指导线制度、强化事前指导。

（1）在完善最低工资制度方面，需要做好最低工资标准的调整和评估机制。最低工资标准的调整应该遵循审慎调整原则，统筹处理好促进企业

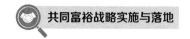

发展与维护劳动者权益的关系，处理好维护劳动者当前利益与长远利益的关系。此外，应该以保障劳动者及其赡养人口基本生活为底线，兼顾企业承受能力和劳动者发展需要，使最低工资标准增长更好地与经济社会发展相协调。完善最低工资标准评估机制，需要定期对各地实施最低工资制度情况进行评估，对各地最低工资标准调整的适度性、适时性提出意见或建议。改变目前对各地调整最低工资标准方案进行审核备案的做法，加强事前统筹指导，通过发布年度区域最低工资标准调整系数，为各地提供参考和指导。

（2）在健全工资指导线制度方面，首先，可根据工资分配宏观调控要求，理顺地区之间、行业之间工资增长关系，提出重要领域、重点行业甚至重要职业的工资水平和工资增长目标，为各地区、各行业乃至企业制订工资指导线提供参考。其次，也可以探索建立包括薪酬调查、招聘平台和上市公司等薪酬数据在内的全国各类企业工资收入分配大数据系统，强化薪酬数据的挖掘和应用，为企业合理确定工资水平提供更具针对性的信息引导。最后，要强化工资指导线的分类使用，发挥指导企业在经济增长基础上与职工成果共享的积极作用，以更好地把工资指导线落实到企业实际操作中去，促进工资分配的合理化和公平性。

（3）事前指导指的是对不同行业、不同群体工资分配的事前指导。在这方面，要探索发布体现不同行业、不同群体特征的薪酬分配指引。要深入研究跟踪数字化、智能化、自动化技术发展对就业与收入分配的影响。这是因为，随着数字化、智能化、自动化技术的不断发展，未来这些技术将会对就业和收入分配产生深刻的影响。政府和企业需要采取有力的政策措施，促进劳动密集型企业提高职工工资，增加低收入群体的收入。

3. 推行协商制度

中小民营企业是我国经济发展和就业的重要组成部分，应通过建立工资集体协商机制，加强调查研究，注重新就业形态和灵活就业群体的工资集体协商等方式，促进中小企业提高职工工资，推进共同富裕的进程。

中小民营企业往往缺乏协商的主体和机制，应通过建立行业性、区域性工资集体协商机制，积极培育协商主体，扩大协商覆盖面，将第三产业的中小民营企业作为扩面重点。这样可以通过协商的方式，促进企业和职工之间的沟通和理解，提高企业的支付能力和职工的工资水平。

新生代劳动者是我国就业的主要力量，但其职业特点和需求与传统劳动者不同。应通过加强调查研究，了解新生代劳动者的实际需求，补充完善工资集体协商新内容，从而提高新生代劳动者对协商内容的关注度和满意度。

新型就业形态如互联网平台企业逐渐崛起，应将互联网平台企业纳入协商主体范围，研究确定平台企业开展工资集体协商的层级和劳动报酬协商的内容，积极探索新业态领域工资集体协商新模式，以更好地保障灵活就业群体的权益。

灵活就业群体是我国就业市场的新生力量，但劳动合同缺乏保障，劳动报酬相对较低。应通过推进工资集体协商机制，促进灵活就业群体劳动报酬权益的维护，提高其工资水平和生活质量。

4. 强化工资法治

工资是劳动者切身利益的体现，也是企业用人合理成本构成的重要部分。然而，在我国的就业市场中，欠薪问题一直是困扰劳动者和社会的一个难题。为了解决这一问题，我们需要加强工资法治，从源头上预防欠薪行为的发生，夯实地方政府的主体责任，同时健全保障农民工工资支付长效机制。

应加大力度，制定更为严格的法律法规，规范各类企业工资支付行为和支付秩序。通过法律保障，企业将不得不依法支付工资，从而预防欠薪行为的发生，应加强监督考核，对于违反工资支付基准的企业进行处罚和惩戒让企业认识到，欠薪是一项严重的违法行为，必然得到法律的制裁。同时，也要健全保障农民工工资支付长效机制。农民工作为我国劳动力市场的重要组成部分，其工资支付问题一直受到关注。树立全领域全过程欠薪治理理念，加大打击欠薪力度，建立信息共享机制，依法公开曝光失信行为，提高失信主体代价，切实规范工资分配秩序。此外，健全完善全国统一的信用信息平台，记录各类市场主体的诚信行为，从而形成失信惩戒机制，让失信企业付出更高的代价，加强对欠薪行为的打击。

5. 助力低工资群体持续增资

低工资群体的工资增长一直是我国劳动力市场的一个重要问题，而致力于经济发展，则是提高低工资群体工资的根本保证。

为了发展经济，应建立对口帮扶常态化机制，将东部发达地区帮扶内地欠发达地区发展经济纳入法治化轨道，强化"先富帮后富，最终实现共同富裕"的规范化、具体化和权威性。这样可以促进地区经济的均衡发展，提高低工资群体的工资水平。

应果断淘汰落后过剩产能，改造升级短缺必需产能，对于农、林、牧、渔业，水利环境和公共设施管理业等低工资行业，从投资、高端人力资源引入、政府采购等方面加大扶持力度，促进改善其经济条件。这样可以提高低工资行业的竞争力，增加行业内的就业机会和薪资待遇。

此外，还应加大企业改革重组力度。对长期经济效益欠佳的集体企业进行进一步明确管理，帮助其引进人才和战略投资者，加大政府采购力度，千方百计助其脱困。加大改革力度和金融支持，改善中小微企业营商环境。这样可以提高企业经济效益，进而提高职工工资水平。

增加就业机会，提高实际收入

增加就业机会和提高实际收入是经济和社会发展的双重目标。就业机会的增加可以促进经济增长，提高实际收入可以改善人民生活水平，这对共同富裕来说具有推动作用。下面简单提出一些建议供参考。

1. 增加就业机会的途径

增加就业机会是提高实际收入的先决条件。就业机会的增加可以促进劳动力市场的供需平衡，提高劳动者的谈判能力，从而增加劳动者的收入。在市场经济条件下，企业是创造就业机会的主要力量，应积极促进企业发展和创新，提高企业的生产效率，从而创造更多的就业机会。

此外，应通过投资基础设施、减税降费等方式，刺激经济增长，提高企业的生产效率和市场竞争力，从而创造更多的就业机会；也可以通过投资基础设施、加大对中小微企业的扶持等方式，降低其融资成本，进一步创造就业机会。

2. 提高实际收入的方法

除了增加就业机会，还应通过加大对教育、职业培训等方面的投入，来提高劳动者的技能和知识水平，从而提高其竞争力和收入水平。

改善税收政策，降低税负。应通过实施个人所得税改革、增值税改革等方式，减轻劳动者的税负，提高其实际收入水平。

加强社会保障制度建设。应加强医疗保障、养老保障、失业保障等方面的建设，为劳动者提供更多的保障和福利，从而提高劳动者实际收入

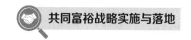

水平。

推动企业发展和创新。应通过加大对企业的扶持和支持，推动企业的技术创新和管理创新，提高企业的生产效率和竞争力，从而创造更多的就业机会和提高薪资水平。

打击非法收入，还富于民

打击非法收入是维护社会公平正义、保障合法收入的重要举措，也是促进经济发展和社会稳定的必要措施。打击非法收入的方式和方法本身并不一定能够直接还富于民，但是可以为还富于民提供必要的条件和保障。首先，打击非法收入可以减少非法经济活动的干扰，维护市场的公平竞争，从而促进合法经济的健康发展。这为还富于民提供了更好的经济环境。其次，打击非法收入可以减少非法经济活动对财富的不合理分配，从而促进财富再分配，实现更为公平的社会结构。这为还富于民提供了更好的机会。

1.加大执法力度，严厉打击非法活动

加大执法力度，严厉打击非法活动是打击非法收入的重要手段之一。具体来说，政府应采取以下措施：

（1）加大对非法活动的打击力度，加强对非法活动的监管和惩治，从而减少非法收入的来源。比如，加强对走私、偷税漏税、贪污受贿等违法行为的打击，严厉惩罚违法者，降低非法收入的风险和利润。

（2）建立联合执法机制，加强不同部门之间的协作，形成合力打击非法活动。比如，税务部门、公安部门、海关部门等可以联合开展执法行

动，共同打击走私、偷税漏税等违法行为。

（3）推动法律法规改革，加强对非法活动的打击力度和监管能力。比如，制定更严格的反腐败法律法规，规范政商关系，减少贪污受贿等行为的发生。

（4）加强宣传教育，提高公众对非法活动的认识和警惕性，从而增强社会监督和打击非法活动的合力。比如，加强对假冒伪劣产品、非法集资等风险的宣传教育，提高公众风险意识，降低非法收入的来源。

2. 加强信息共享，提高执法效率

加强信息共享，提高执法效率也是打击非法收入的重要手段之一。建议采取以下措施：

（1）建立信息共享平台，将各部门收集的信息集中汇总，形成全面、准确的信息库，为打击非法收入提供数据支持和指导。比如，建立税务、海关、公安等部门之间的信息共享平台，实现信息实时共享和交流。

（2）建立跨部门协作机制，加强各部门之间的协作和配合，提高执法效率。比如，税务、公安、海关等部门可以建立联合执法机制，共同开展打击非法收入的行动，形成合力。

（3）提高信息处理能力，采用数据分析技术和智能监管手段，快速识别非法活动，赋能执法。比如，采用大数据分析技术，对大量数据进行分析和挖掘，发现非法收入的来源和流向。

（4）推动信息公开化，公开曝光非法活动信息，促进社会监督和打击非法活动的合力。比如，公开曝光偷税漏税、走私等违法犯罪行为的案件信息，提高社会对违法犯罪行为的认知和警惕性。

3. 推动立法和政策完善，加强法律制度建设

推动立法和政策完善，需要政府做好以下工作：

（1）完善相关的法律法规，明确非法活动的界定和处罚标准，从而提

103

高打击非法收入的效果。比如，制定更为严格的反腐败法律法规，以减少和杜绝贪污受贿等行为的发生。

（2）制订更为精细化、有针对性的监管政策，从而提高监管效果。比如，针对金融领域的非法活动，可以制订更为严格的监管政策，加强对金融机构的监管力度，降低金融风险。

（3）健全执法机制，加强对非法活动的打击和监管。比如，加强对税收、海关、公安等部门之间的协作和配合，建立联合执法机制，共同打击非法收入的行动，形成合力。

（4）推进政策落地，确保政策的贯彻执行和效果的实现。比如，加强对政策执行情况的监督和评估，及时发现和解决执行中出现的问题，确保政策的有效实施。

4. 鼓励举报和舆论监督

这方面的措施是建立举报制度、保护举报人权益、加强舆论监督、重视舆论反馈等，引导公众积极参与到打击非法收入的行动中来，从而为还富于民提供必要的条件和保障。

（1）建立举报制度，为公众提供举报非法活动的渠道和保障。比如，建立举报热线、举报网站等举报平台，鼓励公众积极举报非法活动，及时发现和打击非法收入来源。

（2）加强对举报人的保护，维护举报人的合法权益，鼓励公众积极参与到打击非法收入的行动中来。比如，建立举报人保护机制，对举报人的信息进行保密，保护举报人免受报复。

（3）加强舆论监督，通过媒体等渠道宣传曝光非法活动，引导公众关注和参与打击非法收入的行动。比如，通过新闻报道、微博、微信等社交媒体平台，宣传曝光非法活动的信息，引导公众参与到打击非法收入的行动中来。

（4）重视舆论反馈，对公众反映强烈的问题及时予以回应和解决，增强公众对政府的信任和支持。比如，对公众反映强烈的非法活动及时进行调查和处理，回应公众关切，树立政府的形象和公信力。

5. 推进数字化治理，提高管理效率

这方面建议考虑以下措施：

（1）建立数字化管理平台，将各部门收集的数据进行整合和分析，并采取相应的措施。比如，建立税务、海关、公安等部门之间的数字化管理平台，实时共享和交流相关信息。

（2）推广智能监管技术，通过人工智能、大数据等技术手段，对非法活动进行快速识别和预警，提高监管效率。比如，采用人脸识别技术，对非法收入的来源和流向进行监控，及时发现和打击非法活动。

（3）引入区块链技术，对数据进行加密存储和共享，提高数据的安全性和可信度，从而有效防止数据被篡改和泄露。比如，采用区块链技术，对税收、海关、公安等部门的数据进行加密存储和共享，实现数据的安全管理和快速共享。

（4）加强数字化人才培养，提高政府部门的数字化治理水平。比如，通过培训和学习，提高政府部门工作人员的数字化技能和管理能力，为数字化治理提供必要的人才支持。

通过税收调控，改善收入分配

市场经济条件下的分配机制不可避免地会拉大收入差距，因此需要通过税收调节来缩小收入差距。税收在调节收入分配中扮演着重要的角色，它可以适当调节个人之间的收入水平，缓解社会分配不公的矛盾，促进经济发展和社会稳定。同时，税收也可以营造平等竞争的经济环境，促进经济稳定发展。为了充分发挥税收在个人收入分配领域的调节作用，缓解收入差距过大的问题，必须根据我国实际情况并借鉴国外经验，综合配套运用各种税收手段，建立一个多环节、多税种立体式的税收调节体系。为此，需要改革现行税收制度，对现有税种进行科学设计和调整，并完善税收制度。同时，还需要开征一些对个人收入分配具有特殊调节作用的新税种。

1. 完善个人所得税制度

个人所得税是国家财政收入的重要组成部分，也是社会公平的重要体现。随着市场经济的发展和收入分配差距的不断拉大，进一步完善个人所得税制度，提高征收管理水平，更好地发挥其调节作用，成为当务之急。

为了实现这一目标，应采用分类与综合相结合的混合征收模式。在混合征收模式下，对以纳税人的劳动收入为主的项目如工薪、劳动报酬收入等实行由单位或个人代扣代缴方式征收；对个人一些资本性项目如股息、利息、租金收入等，就可以按照比例税率征收，不需要实行年度综合申报纳税；对一些收入较高的纳税人，应采取年末综合调整的方式征收。

应合理确定应减除费用。考虑到我国近年来已推出的住房制度改革、医疗制度改革、社会保险改革和物价水平变动对个人收入的影响，应适当调高个人所得税的"起征点"；同时根据各地区经济发达程度和物价指数的差别，具体确定不同地区适用不同的个人所得税应减除费用。

应扩大课税范围。对于投资股票所得和个人所得代扣代缴税款的手续费免税，个人举报、协查违法行为的奖金免税，打假索赔收入免税等都有重新审视的必要，需要及时通过补充法律法规或对法律法规的补充解释将其纳入课税范围。

应强化个人所得税的征收管理。通过代扣代缴制度，加强税源管理，严防税收流失；以高收入行业为重点，积极推行个人自行申报纳税制度；以税务稽查和举报查处为手段，加大税收监控力度；以社会舆论为先导，加强税法宣传，提高纳税人的纳税意识和合法避税意识，进一步完善个人所得税征收管理。

在完善个人所得税制度的过程中，应该充分考虑国情和实际情况，采取综合配套的改革措施，以适应市场经济的发展和人民群众的需求，更好地发挥个人所得税的调节作用，促进社会公平和经济发展。

2. 开征遗产税和赠予税

遗产税作为一种财产税，对于高收入者在死亡后遗留的财产进行征收。在全球范围内，许多国家都已经实施了遗产税制度，以期在一定程度上抑制社会财富占有的悬殊，促进个人收入分配的公平。遗产税有助于减少社会财富占有的不平衡，有助于平衡公众对社会财富占有不均的心理反应。除此之外，遗产税可以弥补个人所得税的遗漏。

从社会整体来看，极度集中的私人财富会带来一些负面影响。一方面，由于世袭财富过多，会减少竞争压力，影响社会其他成员的积极性。另一方面，长期累积的世袭财富很容易引起社会财富分配的不公。因此，可以通过适度地征收私人财产，比如，通过税收手段，将部分私有财富重新分配给社会，以达到鼓励社会其他成员通过劳动致富，限制不劳而获，以及促进社会财富分配的公平性的目的。

遗产税在弥补个人所得税的遗漏上也可以发挥作用。目前主要通过个人所得税来调节个人收入，但分配领域中存在的隐性收入，如遗产收入和赠予收入等，往往无法通过个人所得税有效纳税。为弥补这个缺陷，需要考虑征收遗产税和赠予税。

遗产税和赠予税这两种税是从收入的最终形式下手，直接针对分配领域的隐性收入，因而可以更全面地调节个人间的收入差异。遗产税和赠予税的实施，有助于改善社会整体的分配效率和公平性。

3. 开征社会保障税

社会保障税是一种用于支持社会保障制度的税收。社会保障制度是一个国家重要的基础设施，它为人民提供医疗保障、养老保险、失业保险等福利服务；同时也是一种自动稳定器，可以通过调节缴费比率和政府支出来缩小收入差距。

社会保障税的征收是一个复杂的问题，需要考虑征收对象、税率、征收方式等多个方面的因素。征收对象应该是所有的劳动者，包括雇员和自雇人士，他们应该根据自己的收入水平缴纳社会保障税。税率应该根据收入水平而定，高收入者应缴纳更高的税率，低收入者则缴纳较低的税率，征收方式可采用工资总额的一定比例或者个人收入的一定比例来计算。

社会保障税的征收会带来一定的经济负担，但是这种负担是必要的。社会保障制度的建立和运行需要大量的资金支持，而这些资金无法完全由政府财政承担。社会保障税的征收可以让所有的劳动者共同分担这种负担，实现社会保障制度的可持续发展。

采取措施，完善个人收入分配

随着中国经济的快速发展，个人收入分配问题越来越受到人们的关注。为了实现更加公平、合理的个人收入分配，需要采取一系列措施。

1. 大力发展生产力

要大力发展生产力，增加社会财富和居民收入。只有经济实力强大了，才能提供更多的就业岗位，提高劳动生产率，增加居民收入。

2. 坚持和完善分配制度

要坚持和完善按劳分配为主体、多种分配方式并存的分配制度，确保劳动者按照自己的劳动量、技能和贡献获得相应的收入。

3. 注重同步增长和同步提高

要坚持在经济增长的同时实现居民收入同步增长，在劳动生产率提高的同时实现劳动报酬同步提高。这需要政府采取有力措施，如加强监管，维护劳动者的合法权益，防范不合理的收入分配和恶性竞争现象。

4. 做好一、二、三次分配

在初次分配方面，应坚持多劳多得，着重保护劳动所得，增加劳动者特别是一线劳动者的劳动报酬，提高劳动报酬在初次分配中的比重。在二次分配方面，应完善按要素分配的体制机制，促进收入分配更合理，更有序。在三次分配方面，应完善税收、社会保障、转移支付等行为，实现社会公平和个人权利的平衡。

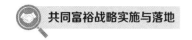

5. 规范秩序

要规范收入分配秩序，扩大中等收入群体，增加低收入者收入，调节过高收入，取缔非法收入。这需要政府加强监管，维护公平竞争的市场环境，同时为弱势群体提供更多的社会保障和救济措施。

6. 坚持消除贫困

完善个人收入分配，必须坚持消除贫困。贫困是影响个人收入分配的一个重要因素，只有通过消除贫困，才能真正实现个人收入分配的公平和合理，应加大扶贫力度，推进扶贫产业和扶贫教育，帮助贫困地区和贫困人口脱贫致富。

元宇宙底层技术助力社会化分配

元宇宙是将 XR、5G、区块链技术、数字孪生等多种技术整合，创造出的一个虚拟、多维的世界。这个世界不再是传统意义上的虚拟游戏，而是一个具有生产力、经济活力和社交价值的虚拟空间。元宇宙的初衷是"以虚强实"，即通过虚拟空间的创新，来强化物理世界的生产力和经济效益。在传统经济中，商品的价值往往与投入要素成正比，而在元宇宙中，更多的是认同决定价值。例如，NFT 艺术品在元宇宙中具有很高的价值，其价值并非由实际的生产成本决定，而是由市场和社会认同决定。这意味着，在元宇宙中，人们可以通过自己的创意和个性来创造财富和价值，不再受到物理世界的种种限制。另外，元宇宙的生产环境也与传统经济中存在一些天然的限制条件不同。传统经济中由于有限的自然资源、复杂的保障秩序的制度、市场建立的巨大成本等一系列因素的限制，很多约束条件甚至不是线性的，很难通过简单的规则来实现简单化。而元宇宙中的生产环境相对纯粹，通过设定简单的规则即可实现约束条件的简单化。这使得元宇宙中的经济活动更加高效和灵活。

1. 元宇宙 DAO 对分配制度的革新

元宇宙中的 DAO（去中心化自治组织）是一个非常有意思的概念，它可以对现有的分配制度进行革新。DAO 是由一组人组成的自治系统，其中的规则和决策是由成员投票决定的。这种自治系统可以在元宇宙中被广泛应用，例如，用于管理虚拟空间中的数字资产，管理虚拟企业，组织虚拟活动等。

在传统经济中，分配制度通常由中央集权的机构制定和管理。例如，在公司中，董事会和高管团队通常制定公司的财务政策和分配政策。在政府中，政府机构也会制定各种政策和计划，以指导资源的分配和利用。这种集中式的分配制度存在一些问题，如容易出现权力滥用、信息不对称、效率低下等问题。而在元宇宙中，DAO 可以实现分配制度的去中心化和民主化。DAO 的成员可以共同制定规则和决策，以实现更加公平和透明的分配。例如，在元宇宙中，可以创建一个数字艺术品 DAO，由艺术家和收藏家组成。在此 DAO 中，成员可以共同决定数字艺术品的发行和分配。这种去中心化的分配制度可以减少权力滥用和信息不对称的问题，同时也可以提高效率和公平性。

另外，DAO 的成员还可以通过投票来决定如何使用 DAO 的资金。例如，在元宇宙中，可以创建一个数字公益 DAO，由成员共同决定如何使用 DAO 的资金来支持社会公益事业。这种基于 DAO 的资金分配模式可以更加民主和透明，避免了政府或机构的权力滥用和不透明的问题。

2. 区块链技术支持下的收益分配

区块链技术是元宇宙中非常重要的底层技术之一，可以支持收益分配和管理。在传统经济中，收益分配通常由中央集权的机构进行管理，存在一些问题，例如，信息不透明、效率低下、权力滥用等。而在区块链技术的支持下，可以实现去中心化的收益分配，提高效率和公平性。

区块链技术的去中心化特点可以实现收益分配的公平性。在传统经济中，由于中央集权机构的存在，收益分配通常是由少数人掌控的，容易出现权力滥用和不公平的现象。而区块链技术可以支持去中心化的收益分配，每个参与者都可以共同参与到收益分配过程中，实现收益分配的公平性。

区块链技术的透明性可以实现收益分配的公开和透明。在传统经济中，由于信息不透明和难以监管，容易出现收益分配不公和违规操作的问题。而区块链技术则可以支持收益分配的公开和透明，每个参与者都可以通过区块链上的公开账本来监督和审计收益分配过程，确保收益分配的公平和合规。

区块链技术的智能合约特点也可以实现收益分配的自动化。在传统经济中，由于人工操作的缘故，收益分配过程往往效率低下和容易出现错误。但是在区块链技术的支持下，可以通过智能合约来实现收益分配的自动化。智能合约可以根据预先设定的规则和条件自动执行收益分配操作，提高效率和减少错误。

3.VR/AR 为社会化分配助力

元宇宙底层技术中，VR（虚拟现实）和 AR（增强现实）技术可以为社会化分配提供很多助力，原因在于：

（1）VR 和 AR 技术可以为用户提供更加真实和沉浸式的体验，这可以增强用户对数字资产的认知和价值感。在 VR 和 AR 中，用户可以和数字资产进行互动，例如，在虚拟现实中参观数字艺术展或者在增强现实中购买虚拟商品等。这些体验可以让用户更加深入地了解和认识数字资产，从而增强其价值感和投资意愿。

（2）VR 和 AR 技术可以为用户提供更加便捷和安全的数字资产交易与收益分配方式。在 VR 和 AR 中，用户可以通过智能合约等技术进行数字资产的交易和收益分配。这可以避免中介机构的干扰和风险，并且可以实现去中心化的收益分配，让所有持有者都能够共享收益。同时，VR 和 AR 技术也可以为用户提供更加安全和保护隐私的数字资产交易方式，通过加密和身份验证等技术来保护用户的数字资产和个人信息。

（3）VR 和 AR 技术可以为社会化分配提供更加广阔的应用场景和可能性。例如，虚拟现实和增强现实可被用于在线教育、数字文化遗产保护、数字旅游、虚拟演出等领域。在这些领域中，VR 和 AR 技术可以为用户提供更加丰富和多样的体验；同时也可以为数字资产的交易和收益分配提供更加多样和灵活的方式。

4. 元宇宙：共享与互联的数字空间

元宇宙是一个虚拟的数字空间，将现实世界与虚拟世界相结合，为人们提供全新的互动和体验方式。在元宇宙中，人们可以与他人进行虚拟交互，创造和共享内容，并通过数字身份进行参与。元宇宙的开放性和共享性核心特征，为实现共同富裕提供了一个广阔的舞台。

5. 元宇宙和区块链的关键要素

去中心化的身份验证和信任机制：在元宇宙中，每个参与者都可以通过区块链实现去中心化的身份验证和信任建立。这意味着每个人都有平等的参与机会，无论其背景和地位如何。这种身份验证机制为共同富裕提供了公平的基础。

数字资产的共享和交易：元宇宙中的数字资产可以通过区块链进行共享和交易。这些数字资产可以是虚拟货币、所有权证明、虚拟土地等。通过区块链技术，资产的流通和交换变得更加便捷和安全，为共同富裕的实现提供了基础。

去中心化的自治组织：区块链和智能合约使得在元宇宙中建立去中心化的自治组织成为可能。自治组织是由参与者共同管理和决策的组织形式，它们的运作依赖于智能合约和区块链的透明性与可编程性。这种去中心化的组织形式可以消除传统组织中的权力集中和不平等问题，确保资源的公正分配和共同决策的参与。

6. 元宇宙底层技术对共同富裕的影响

打破地理和社会壁垒：元宇宙的存在使得人们可以在虚拟空间中自由交流和互动，无论地理位置和社会身份如何。这种全球化的互联性为实现共同富裕创造了更多机会和平等的平台，促进了资源和信息的流动。

促进经济和社会包容：元宇宙中的区块链技术可以实现资产和价值的公平分配，减少贫富差距。通过数字身份验证和智能合约，个人和社区的权益得到保护，并且可以参与到经济和社会活动中，实现更广泛的参与和包容。

创造新的经济机会和就业形态：元宇宙的发展将催生各种新的经济机会和就业形态。人们可以通过创作和交易数字资产来获得收入，参与元宇宙中的虚拟经济活动。这种经济的多样性和包容性为共同富裕的实现提供了更多可能性。

元宇宙作为一个开放、共享和去中心化的虚拟空间，结合区块链技术，为实现共同富裕提供了新的机会和可能性。通过去中心化的身份验证、数字资产的共享和交易以及自治组织的建立，元宇宙底层技术助力社会化分配的目标成为现实。而且，元宇宙打破了地理和社会壁垒，促进了经济和社会包容，并创造了新的经济机会和就业形态。最后，我们相信，元宇宙的发展将为实现共同富裕的愿景带来积极的影响，并为构建更加公平和包容的社会奠定基础。

第六章 推进均衡发展，
在协调性均衡发展中实现共同富裕

实现共同富裕需要均衡发展，这意味着我们需要采取优化产业结构、加强基础设施建设、推进公共服务均等化、加强城乡统筹、激发民营经济活力等措施。只有通过对这些措施的综合推进，才能实现社会的全面进步和可持续发展，让各个地区和人民共同享受发展成果，一起走向富裕之路。

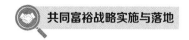

优化产业结构，推动区域共同富裕

优化产业结构是推动区域共同富裕的重要举措。要通过制定差异化的发展战略和政策，促进不同地区的产业协同发展，实现产业结构的优化和升级，从而实现区域共同富裕。

1. 注重区域的特点和优势

不同地区的产业结构和经济发展水平存在差异，需要因地制宜地制订产业优化方案，实现区域共同富裕。例如，对于工业化程度较高的地区，可以加强对制造业的支持和发展；对于农业较发达的地区，则需要注重农业现代化和农业产业化发展。

不同地区的自然环境和资源条件不同，需要因地制宜地采取措施。例如，对于拥有丰富自然资源的地区，可以通过开发和利用资源，实现资源优势的转化和升级，促进经济发展；对于资源短缺的地区，则需要注重技术创新和经济结构调整，实现产业优化和升级。

不同地区的人力资源和科技创新能力存在差异，需要因地施策。例如，对于拥有较高科技创新能力的地区，可以加强对高新技术产业的支持和发展，推动产业升级；对于人才短缺的地区，则需要注重人才培育和引进，促进产业转型和升级。

2. 鼓励新兴产业的发展

新兴产业是指那些处于发展初期、具有增长潜力和创新性的产业，如信息技术、新材料、新能源等。鼓励新兴产业的发展，可以促进经济的转型和升级，提高产业的附加值和国际竞争力，进而实现区域共同富裕。

政策扶持是鼓励新兴产业发展的重要手段之一。应通过制定税收优惠政策、创新创业支持政策、科技创新基金等措施，扶持新兴产业的发展。政策扶持可以降低新兴产业的创业风险和成本，提高新兴产业企业的生存率和发展速度。

新兴产业的发展需要具备创新创业的精神和能力，需要有一批具有创新意识和创业精神的人才，应通过加大科技创新投入、完善知识产权保护、加强人才培养等措施，支持新兴产业的创新创业。

新兴产业与传统产业之间存在着协同关系，需要通过协同发展，促进新兴产业的发展，应通过建立产业联盟、共享创新资源等方式，促进不同产业之间的协同发展，延伸和完善产业链，提高新兴产业的发展水平和市场竞争力。

新兴产业与传统产业之间有着相互依存的关系，应通过加强技术创新和技术转移，促进新兴产业与传统产业的融合发展，实现资源的优化配置和经济效益的最大化。

3. 加强产业协同发展

产业协同发展是指不同产业之间的协作、合作和互动，通过资源共享、技术创新等方式，对产业链进行延伸与完善，提高产业的整体竞争力和经济效益。区域之间的产业协同发展可以促进经济的互补性和协同性，实现区域共同富裕。可以采取以下措施：

（1）建立产业联盟。

产业联盟是指在产业链上具有相互依存和相互支持关系的企业组成的联盟，可通过引导企业建立产业联盟，促进产业间的协作和合作，实现资源、技术、市场等方面的共享和互补。通过产业联盟，可以加强企业之间的联系和互动，提高产业整体竞争力和市场占有率。

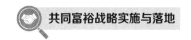

（2）延伸和完善产业链。

产业链是指从原材料到产品销售的整个过程，包括上游、中游和下游产业之间的关系。应通过加强产业链的延伸和完善，促进产业之间的协同发展。例如，可以通过引导企业进行产业链上下游合作，实现生产要素的共享和优化配置，提高产业链的效率和附加值。

（3）技术创新。

技术创新是产业协同发展的重要保障，可以通过技术创新实现资源的优化配置和产业链的升级。应通过建立技术创新平台、加强知识产权保护、加强人才培养等措施，支持企业进行技术创新和转化。同时，政府应通过整合和优化资源配置，实现资源的优化利用和经济效益的最大化。

产业协同发展不仅需要政策的支持和协调，还需要政府通过协同不同部门和地方制定具体的产业政策和措施。例如，可以通过建立产业联盟、共享创新资源等方式，促进不同地区的产业合作和协同发展，实现产业链的延伸和完善，提高区域经济的整体竞争力和发展水平。

4. 加强人才引进和培育

人才是产业发展的核心驱动力，只有拥有高素质的人才队伍，才能推动产业创新和升级。因此，应采取多种措施吸引和培育人才，推动区域共同富裕的实现。

制定具体的人才引进政策和措施，如提供住房、给予税收优惠等激励措施，吸引高层次人才和优秀人才来到本地区工作和生活。此外，还应与高校、科研机构等合作，开展人才引进和合作研究工作。

通过建立人才培训基地、开展专业技能培训等方式，提升本地区人才的综合素质和专业能力。同时，还应制定相关的人才培育政策和措施，如提供奖学金、给予创业补贴等，鼓励优秀人才在本地区创新创业。

人才流动和交流可以促进不同地区和企业之间的资源共享和技术创

新，提高人才的综合素质和专业能力。应通过建立人才交流平台、开展人才交流活动等方式，促进人才之间的交流与合作。

应加强对本地区人才队伍的管理和建设，制定具体的人才政策和措施，如建立人才评价机制，提供职业发展机会等，为本地区的人才提供良好的工作和发展环境，提高本地区的人才吸引力和竞争力。

加强基础设施建设，促进区域协同发展

加强基础设施建设是促进区域协同发展的重要手段之一。应从提高基础设施建设质量、推进数字化建设、发挥金融支持作用、加强社会参与等方面入手，加强基础设施建设的规划、设计、建设、管理和运营，为区域协同发展及推进共同富裕提供有力的支撑和保障。

1. 提高建设质量

提高基础设施建设质量是促进区域协同发展的关键。应加强对基础设施建设的管理和监督，确保基础设施建设符合质量标准和安全要求。同时，还应加强基础设施建设的规划和设计，注重基础设施的可持续性和适应性，提高基础设施的使用效率和经济效益，为区域协同发展提供坚实的基础。

2. 推进数字化建设

数字化建设可以提高基础设施的智能化程度和信息化水平，增强基础设施的管理和运营效率。通过加强数字基础设施建设，推动数字经济的发展和应用，促进产业协同发展和区域协同发展。

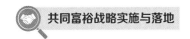

3. 发挥金融支持作用

通过建立金融机制和金融产品，为基础设施建设提供资金支持和风险保障。同时，引导金融机构加大对基础设施建设领域的投资和支持，鼓励创新金融产品和服务模式，提高基础设施建设的融资效率和质量。

4. 加强社会参与

通过加强社会参与，引导社会力量积极参与基础设施建设，提高基础设施建设的透明度和公正性。同时，推动政府和社会资本合作（PPP）等多种合作模式，鼓励企业、社会组织和个人积极参与基础设施建设，实现政府和社会资本的共同投资和共同受益。

推进公共服务均等化，确保区域共同富裕

为缩小城乡居民差距，推进基本公共服务均等化，实现城乡融合发展、共同富裕，这里提出如下建议。

1. 兼顾"公平"与"效率"

公共服务均等化既要追求公平，又要注重效率。在"公平"方面，要努力弥补城乡公共服务差距，提高农村基础设施建设水平，合理配置高档教育和医疗资源，推进城乡居民社会保障制度相融合。在"效率"方面，要推动城乡基础服务收费制度改革，激励各方主动参与，促进公共服务供给能力的提高。只有兼顾"公平"和"效率"，公共服务才能更高效地覆盖城乡居民。

2. 提高农村公共服务供给水平

农村地区是推进公共服务均等化的重点区域，需要加强农村基础设施

建设，提高农村公共服务供给水平。关于此主要需做到以下几点：一是着力提高农村公路、水利、供电、燃气等基础设施水平，缩小农村基础设施与城镇基础设施的差距；二是加强农村小学硬件设施建设，完善农村中等职业教育，合理配置高等教育资源；三是增加农村医疗卫生投入，增加农村医疗院所数量，提高基层医疗人员配备标准；四是逐步向农村推广城镇职业年金、医疗保险等社会保障制度，缩小农村社会保障与城镇社会保障的差距。通过这些举措，能有效提高农村公共服务的覆盖范围和质量，改善农村居民生活。

3. 政绩考核指标须考虑民生

需要将民生领域的基本公共服务供给、公众满意度、资源消耗等作为重要的政绩考核指标。为此提出的建议是：一是将改善基本公共服务供给水平作为考核的重要内容。二是定期开展公共服务满意度调查，从普通民众的角度了解基本公共服务的质量，发现薄弱环节存在的问题，将公众评价进行汇总，作为考核的重要参考指标。三是关注公共资源的有效利用。有关部门和地方政府要及时获取各项公共服务的资源投入状况，评估资源利用效率，避免高投入但效果不显著的情况出现。只有将这些内容纳入政绩考核体系，才能有效激励政府部门和地方政府，推动基本公共服务水平不断提高，缩小城乡差距。

4. 建立评价与监督机制

建立群众参与的公共服务业评价和监督机制，是推进基本公共服务均等化的有效途径。对于此应当做到：一是加强新媒体和传统新闻媒体在基本公共服务领域的报道，发布公共服务供给状况及群众反映的问题，制约不合理现象。二是定期拉近和基层群众沟通的距离，开展基本公共服务满意度调查，了解公众实际需求和存在的问题。三是支持各类公民组织和社会力量参与基本公共服务评价和监督工作，可以利用第三方机构的专业性和独立性。四是建立完善基本公共服务用户投诉渠道、处理流程和反馈机制，有效接收和处理群众的投诉请求。五是相关部门和地方政府要加强信息共享，共同监督有关公共服务的日常运行和资源使用情况。这些措施相互补充，能形成有效的群众参与和监督机制，推动基本公共服务更加均等有效。

推动城乡融合，促进农村共同富裕

促进共同富裕最艰巨最繁重的任务仍然在农村，要以城乡融合发展促进农村农民共同富裕。为此，需要在产业、资源、产品、市场等多方面实现互动，提升农村适应城市化的能力，从宏观上实现农村发展水平的提高和统一。

1. 城乡产业融合

农业与城市产业的有效融合是促进城乡互惠互助的关键。应扶持传统农业产业向高附加值方向转变，如发展精细化农业、有机农业等，与城市消费需求更加匹配。应鼓励非农业产业入驻农村，如发展与农业相关的初级加工、存储、物流等产业，有效利用农村低成本条件。应发挥农村的资源优势，发展具有农村特色的第二、三产业，促进农村就业。应建立完善的城乡产业链，实现城乡企业、产业的链状布局，形成互补的关系，有利于产业链延伸和产值最大化。应加强城乡信息交流，加强城乡部门和企业间的贸易往来，互相提供信息支持，实现更好的资源整合和配置。应优化农业产业结构，依据城市化进程对农产品的需求变化，选择性发展符合需求的农业产业，实现农业产业结构的优化。

以上方面都对实现城乡产业融合、互补互助有很大的作用。发挥好农业优势，实现更高效的农业产业升级，才能促进农村经济社会全面发展，为实现农村共同富裕打下基础。

2. 城乡公共产品融合

这方面的具体建议是：应满足双向需求。城镇设计的公共产品要考虑农村需求和使用环境，同时便利农村产品进入城市。应城乡共享公共服务，如教育、医疗等公共服务要覆盖农村，农村人口也可以进入城市使用。城乡居民的生活方式、消费方式可以出现交会和融合。城乡金融体系要相互连接，金融资源和渠道要畅通地为城乡经济发展提供支持。城乡企业应互为客户，城镇和农村企业建立起贸易伙伴和供应商关系，实现互利共赢。城乡交通网络规划要共同考虑，实现有效衔接。

3. 城乡生态融合

城乡生态融合需要形成市场化的资源配置格局和有效的生态治理体系，推动城市和农村生态资源互为补充、互为促进，实现城乡生态优势互补。

应支持农业优质生态资源进入城市。充分利用农村的优质农产品、新鲜的水果蔬菜、优美的自然风景等资源，满足城市人群对生态环境和心理健康的需求。城镇企业要加强自身环保意识，严格把控污染物排放，减少对农村土地和水源的污染。应发挥农村的山水林田湖优势，发展具有特色的农业生态旅游业，增加农村收入来源。应保护好城市绿地、公园和农村的自然景观，形成城乡生态联通廊道，共享优美生态环境。应建立联合监测体系，并采取共同治理措施，有效保护好城乡生态环境。

4. 城乡要素市场融合

城乡要素市场融合，一方面要锐意改革，推动城乡要素流动性增强；另一方面要强化协调，促进城乡要素市场双向供给与流通。

应融合城乡流动人口社保和医疗体系，降低农民工流动成本，同时共

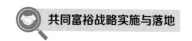

享人力资源市场。完善金融创新机制，推进多元融资渠道，满足农村经济发展的资金需求。城乡商品均可自由流动、交易，特别是工业品与农产品可以实现互补供给，实现城乡粮食一体化流通。打通城乡信息通道，实现信息共享，促进城乡企业合作与互动。发展农业产业链，提供优质农产品生产要素支持，满足城市需要。

激发民营经济活力，促进共同富裕

这是当前中国经济发展的重要议题之一，政府应在政策、环境、服务等方面加强支持，为民营经济发展创造更好的条件，从而实现共同富裕的目标。

1. 优化民营企业发展生态

民营企业是中国经济的重要组成部分，也是创新创业的主要力量。为了激发民营经济的活力，应采取多项措施降低企业成本，如减少税收负担，降低融资成本，优化用地政策等。此外，还应加强对外贸易的支持，提高企业的国际竞争力，降低企业成本。

知识产权是企业的核心竞争力，保护知识产权有助于民营企业的发展。应加强知识产权保护的力度，建立健全知识产权保护机制，打击侵权行为，保护企业的知识产权。

创新创业是民营经济发展的重要动力。应通过加强产学研合作，提供创新创业的政策支持和资金支持，为民营企业创新创业提供更好的环境和条件。

政企合作是优化民营企业发展生态的重要手段。应加强与民营企业的沟通和合作，建立健全政企合作机制，促进政企双方的互利共赢。

2. 打造民营经济发展最佳环境

打造民营经济发展最佳环境是激发民营经济活力的重要手段。应制定和实施符合民营企业发展需要的政策，提高企业的信心和积极性。例如，加大对民营企业的扶持力度，支持其发展壮大。

加强基础设施建设，特别是加强交通、通信、能源等基础设施建设，为民营企业提供更好的发展环境和条件。同时，应促进信息化建设，提高数字化水平，为民营企业发展提供更好的支持。

人才是民营企业发展的重要资源。首先，政府应加强人才培养和引进，提高人才的素质和创新能力。其次，应加大对高层次人才的引进和培养力度，为民营企业培养更多的创新型人才。

金融支持是民营企业发展的重要保障。应加强金融体系建设，提高金融服务的质量和效率，为民营企业提供更好的融资支持。

企业社会责任管理是企业发展的重要方面。应加强对企业社会责任的监管，引导企业树立良好的社会形象，推动企业可持续发展。

3. 进一步增强民营经济的动能

进一步增强民营经济的动能是激发民营经济活力的重要途径。应通过加大对科技创新的支持力度，鼓励企业加强技术创新和产品创新，推动民营企业向高技术、高附加值产业转型升级。

除了保护知识产权和金融支持，还要提高企业竞争力，这是增强民营经济动能的重要途径。应通过加强企业管理和市场营销能力，提高企业的竞争力和市场占有率。

应加强对民营企业的支持和服务，提供便捷、高效的公共服务，帮助企业解决实际问题，提高企业的发展动能。

第七章　创新保障制度，
共同富裕五大保障制度诠释

　　共同富裕五大保障制度分别涉及公平竞争制度、混合经济制度、三次分配制度、社会主义市场经济制度和产权制度。这些制度是为了保障市场公平竞争、促进各种所有制经济共同发展、实现效率和公平的统一、实现经济发展和社会公正的统一，以及促进资产的有效配置和经济的高效运行，因而能为创新保障和共同富裕提供有力的支撑和保障。

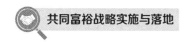

公平竞争制度：反垄断与歧视

反垄断针对的是所有市场主体，包括国企、民企、外企个体工商户等。如果只针对某一个市场主体、以反垄断为借口进行歧视性打压，则必将影响市场对相关重要性前沿行业的预期和信心；而如果在歧视性反垄断下进行监管执法整治，更是会破坏公平竞争这一实现共同富裕不可或缺的制度保障。因此，为了构建公平竞争这一必要的制度保障，不仅要反垄断，还要反歧视。

1. 市场的公平竞争性是共同富裕的制度保障

市场的公平竞争性是共同富裕最根本的制度保障之一，而公平竞争制度是保障市场公平竞争性的重要手段之一，其中反垄断与反歧视是其中的关键内容。公平竞争制度的建立和完善，反垄断和反歧视等手段的实施，将有助于维护市场公平竞争的原则，保障各方平等参与市场竞争的权利。

反垄断是指禁止市场中出现垄断行为，并通过加强监管和处罚等措施来维护市场公平竞争的原则。垄断会导致市场上企业的数量减少，商品价格上涨，消费者福利降低，而垄断企业则会因此获得非常高的利润，从而加剧社会贫富差距。因此，反垄断是保护市场实现公平竞争和推动共同富裕的重要手段。

反歧视则是指禁止市场中出现歧视行为，以保障各方平等参与市场竞争的权利。在市场中，歧视行为可能会导致某些企业或个人在享受市场机会和资源分配方面受到不公平的待遇，影响市场公平竞争的原则。因此，反歧视是维护市场的公平竞争性和促进共同富裕的重要保障。

2. 从完善公平竞争制度入手建设全国统一大市场

建设全国统一大市场是我国经济发展的重要战略，而完善公平竞争制度是实现市场统一的重要保障。

企业是建设全国统一大市场的主体，只有保护好企业的产权和知识产权，才能鼓励企业进行技术创新和产品创新，增强企业的创新能力和市场竞争力。因此，要依法保护各类市场主体的产权和知识产权，建立健全知识产权保护制度，保障企业的合法权益。

在建设全国统一大市场的过程中，要健全社会信用体系，激励守信，惩戒失信，打击假冒伪劣产品，维护企业信誉。只有如此，才能保障企业的信誉和市场声誉，增强市场竞争的公平性。

要塑造公平竞争制度，清除对企业不合理的制度束缚，使企业真正致力于技术创新、产品创新、管理创新等。建立公平竞争制度，可以促进市场效率和公平的统一，提高市场的竞争力和活力。

要统一市场监管规则，营造稳定透明可预期的营商环境，坚持依法行政，公平公正监管，为各类企业经营发展营造良好环境。只有制定统一的监管规则，加强市场监管，打击不正当的竞争行为，才能保障市场公平竞争的原则，为各类企业的经营发展提供稳定可预期的环境。

混合经济制度：多种所有制并存

混合经济制度是一种既有市场调节，又有政府干预的经济制度。其所有制结构的多样性包括国有、集体、私营、外资等，决策结构既有分散的方面，又有集中的特征。决策者的动机和激励机制可以是自身的经济利益，也可以是被动地接受上级指令，信息也能通过价格和计划来传递。混合经济制度在微观经济活动中发挥着重要的作用，其有助于开辟新途径、调动积极性和提高效益，从而可以发挥市场机制的优势，调整市场失灵的情况，保障社会公共利益，促进经济发展。

1. 混合经济制度可以开辟新途径

混合经济制度可以开辟新途径，具体实施方法是通过将社会上不同性质的资金集中起来，统一使用，这样既可以解决资金紧张的矛盾，又能迅速扩大社会生产规模。

混合经济制度能够将公有经济和私有经济结合起来，通过政府和市场的双重调节机制，实现资源的优化配置和高效利用，从而激发市场活力，提高经济效益，为经济发展注入新动力。

混合经济制度还可以吸引更多的社会资本投入，以促进经济的发展和壮大，因此它是提高资本集中效益的重要途径。

2. 混合经济制度可以调动积极性

在股份制经济中，所有权与经营权分离，所有者、经营者、生产者三者的权责利明确，经营者可以独立运用和经营自身资本，直接对资产保值和增值负责。资产经营效果决定了经营者的"生死存亡"，同时它也是所有者、生产者共同关注的对象。这种利益的同一性和目标的一致性，不仅调动和发挥了参股的各种经济成分的积极性，也调动了劳动者的积极性，共同促进了企业的创新和发展。

3. 混合经济制度可以提高效益

在混合经济制度下，将资本和经营资本的专家相结合，使资本掌握在善于经营的经营者手中，从而能够提高资本运作效率。

在日益激烈的市场竞争中，混合经济制度不享受任何特权保护，因此，企业经营者只有通过强化企业自我约束机制，提高自身管理水平，才能达到资产增值的目的。

混合经济制度能够促进公有和私有资本的融合，切实推动经济发展。同时，混合经济制度也能够通过政府干预来调节市场失灵的情况，从而实现市场机制和政府干预的有机结合。

三次分配制度：体现效率、促进公平

国家给出了体现效率、促进公平以实现共同富裕的三次分配制度路线图，该路线图涉及就业、收入、机制等各个方面。这是我们实践共同富裕的依据。

1. 推动高质量就业

要强化就业优先政策，坚持经济发展就业导向，扩大就业容量，促进充分就业。通过加大投资、优化产业结构、扩大外贸等手段，提高就业岗位的数量和质量。发展新就业形态，规范发展新经济、新业态、新模式，完善促进创业带动就业、多渠道灵活就业的保障制度，鼓励返乡入乡创业，实现就业容量的扩大。

要统筹各类职业技能培训资金，合理安排就业补助资金，建立健全城乡就业公共服务体系。加大对职业技能培训的投入力度，提升劳动者的专业素质水平。完善就业补助政策，帮助困难人员解决就业问题，同时建立健全就业公共服务体系，为各类劳动者提供更加优质的服务。

要完善重点群体就业支持体系，帮扶困难人员就业。重点关注留守儿童、农民工、退役军人等群体，提供更加全面的就业支持服务。通过建立

社会救助体系，完善社会保障制度，保障困难群体的基本生活。创造公平就业环境，消除户籍、地域、身份、性别等影响就业的制度障碍，深化构建和谐的劳动关系，推动劳动者通过辛勤劳动提高生活品质。

2. 提高人民收入水平

通过合理提高劳动报酬及加大其在初次分配中的比重，来实现优化政府、企业、居民三者之间的分配格局。应出台相关政策，鼓励企业通过提质增效来拓展从业人员增收空间，完善工资合理增长机制，规范企业薪酬调查和信息发布制度，合理调整最低工资标准，落实带薪休假制度等，从而提高劳动者的收入。

要拓宽城乡居民财产性收入渠道。应探索通过土地、资本等要素的使用权、收益权，增加中低收入群体收入，鼓励企业开展员工持股计划，完善上市公司分红制度等。同时，也可以推进农村集体产权制度改革，巩固提升农村集体经济，探索股权流转、抵押和跨社参股等农村集体资产股份权能实现新形式，实现财产性收入的增加。

要立足当地特色资源推动乡村产业发展壮大，完善利益联结机制，让农民更多分享产业增值收益。同时，应加强对中小企业的扶持力度，支持企业的发展，提高从业人员的收入。

3. 扩大中等收入群体

为了扩大技能人才、科研人员、小微创业者、高素质农民等中等收入群体规模，激发其活力，可以加大人力资本投入力度，如通过实施面向劳动者的终身职业技能培训制度等措施，加快构建产教训融合、政企社协同、育选用贯通的技术技能人才培养培训体系，拓宽技术工人上升通道，实现技能人才的职业晋升和收入提高。

对于有劳动能力的低收入群体，应坚持执行开发式帮扶政策，提高其内生发展能力，并着力发展产业使其积极参与就业。同时，拓展基层发展空间，保障不同群体发展机会的公平，推动更多低收入群体迈入中等收入群体行列。

应规范招考选拔聘用制度，完善评价激励机制，为人才的发展提供更好的保障。完善党政机关、企事业单位和社会各方面人才顺畅流动的制度体系，实行更加开放的人才政策，激发人才创新活力。

4. 完善再分配制度

依法严厉惩治贪污腐败行为，继续遏制以权力、行政垄断等非市场因素获取收入。这样可以防止一些人通过不正当手段获取高额的收入，导致社会收入分配不公。

优化财政支出结构，加大保障和改善民生力度，建立健全的改善城乡低收入群体等困难人员生活的政策体系和长效机制。这些措施可以帮助低收入群体获得更多的收入，缩小收入差距。

还应加大省对市县或乡镇转移支付等调节力度和精准性，合理调节过高收入。在税收等政策方面，应对高收入群体实施差别化税收政策，减少收入差距。同时，应通过社保等方式，加强对低收入群体的保障，让他们获得更多的社会福利。

5. 建立健全激励机制

应通过充分发挥第三次分配作用，发展慈善事业，完善有利于慈善组织持续健康发展的体制机制，畅通社会各方面参与慈善和社会救助的渠道。同时，应探索各类新型捐赠方式，鼓励设立慈善信托机构。这样可以激励高收入群体积极参与慈善事业，回馈社会。

还应加强对慈善组织和活动的监督管理，提高公信力和透明度。这样可以让公众更加信任和支持慈善事业，同时也可以避免一些不良行为对慈善事业的影响。

应落实公益性捐赠税收优惠政策，完善慈善褒奖制度，这样可以让慈

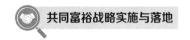

善事业得到更多的支持，同时也可以激发更多人的慈善意识，推动社会向善向上发展。

社会主义市场经济制度："社会公平+市场效率"

社会主义市场经济体制是一种能够使社会公平与市场效率得以妥善结合的经济体制。为了实现社会公平和市场效率，应该考虑以下几点：

1. 公平分配不能牺牲效率

公平分配不能牺牲效率，必须以有利于效率提高为前提，而且也只有在效率提高的基础上才可能实现公平分配。通过制定科学合理的政策来促进经济的发展和效率的提高，以实现公平分配和经济效率的双赢，从而推动共同富裕目标的实现。

此外，差距过小的平均主义分配制度，不仅阻碍了效率的提高，而且鼓励了懒汉，恰恰是最不公平的。要根据市场情况和经济规律，通过差别化的分配政策，让优秀的人才和企业得到更好的回报，从而激励人们创新创业，提高经济效率，实现公平分配和效率提高的良性循环。

2. 实现公平分配需要过程

实现公平分配是中国社会发展的重要目标，但是它需要一个较长的过程。只有在经济逐步提高效率、不断发展的基础上，人们的收入差距才会逐渐缩小，才能逐步实现公平分配。

制定科学合理的政策，促进经济的快速发展和效率的提高，从而为实现公平分配打下坚实的政策基础。推动教育、医疗等公共服务的均衡发展，保障每个人的基本权利。此外，通过差别化的分配政策，激励人们创新创业，促进经济效益的提高。要保护弱势群体的权益，建设社会保障体系，减少贫困现象的发生。

3. 建立和发展社会保障制度

社会保障制度的建立和发展需要随着经济的发展而发展，以便既有助于公平的分配，又有助于效率的提高。只有在经济发展的基础上，社会保障制度才能够得到充分的保障和发展，从而更好地实现公平分配的目标。

社会保障制度包括社会保险制度、社会救助制度、医疗保险制度、养老保险制度。其中，社会保险制度是最基础的社会保障制度，能够为个人提供失业保险、工伤保险、医疗保险等保障，使个人在面对各种困难时能够得到经济上的支持。社会救助制度则是为弱势群体提供救助，包括特困人员救助、临时救助等，能够帮助他们渡过难关。医疗保险制度是为了保障个人在面临医疗支出时能够得到相应的报销和补偿。养老保险制度则是为了保障老年人的生活质量和基本权益，能够为他们提供相应的养老金和福利。

产权制度：归属清晰、权责明确、保护严格、流转顺畅

从现代经济学的观点看，市场的有效运转离不开归属清晰、权责明确、保护严格、流转顺畅的产权制度。建立产权制度需要从这四个角度入手，确保产权得到有效保护，促进市场经济的健康发展。制定一系列相关的法律法规，建立健全的法律体系，为产权制度的建立和发展提供有力保障。

1. 归属清晰

归属清晰是建立产权制度的基础。它要求明确各种资源、财产和资产

的所有权，确保归属不会发生模糊或争议。个人和企业拥有的产权是其在市场竞争中的重要资本，只有明确产权归属，才能够促进资产的合理流转和有效管理。因此，建立产权制度需要对个人和企业的产权进行明确，确保归属清晰、不容置疑。

2. 权责明确

权责明确是建立产权制度的重要内容。它要求明确各方在资源和资产使用、管理和流转过程中的权利和责任，确保各方行为符合法律法规和市场规则。各种资源和资产的流转是通过市场机制进行的，各方在市场竞争中享有不同的权利和责任。因此，建立产权制度需要明确各方在市场竞争中的权利和责任，建立起健全的市场规则和制度，保证市场的公平竞争。

3. 保护严格

保护严格是建立产权制度的重要保障。它要求确保产权得到有效的保护，包括物权保护、知识产权保护、劳动者权益保护等。其中，保护产权是促进市场经济发展和社会稳定的重要条件，只有保护产权，才能够保障各方的合法权益，促进社会信用体系的建设和市场的正常运转。因此，建立产权制度需要制定健全的法律法规，建立起完善的产权保护机制，保证产权得到有效保护。

4. 流转顺畅

流转顺畅是建立产权制度的重要目标。它要求确保资源和资产在流转过程中不存在任何不必要的障碍，以便各种市场主体能够充分利用和流通资源和资产，促进市场的有效竞争和资源的高效利用。产权的流转是通过市场机制进行的，只有流转顺畅，才能够促进资源和资产的高效利用和市场竞争的有效运行。因此，建立产权制度需要建立健全的市场机制和规则，促进资源和资产的流通和交易，保证市场的正常运转。

第八章　深化社会治理，奠定共同富裕的社会基石

　　在深化社会治理过程中，完善社会保障体系是保障人民群众基本生活权益的重要途径，加强社会公共管理是防范和制约不正当收入的有效手段，强化社会组织治理是促进共同富裕的重要保障，健全社会协商机制是实现共同富裕的重要途径。

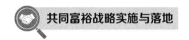

完善社会保障体系，让更多人享受福利

加强社会保障体系建设，提高社会保障水平，是深化社会治理的重要内容，也是实现共同富裕的关键因素之一。只有建立起完善的社会保障体系，才能够保障人民群众的基本生活权益，促进社会的和谐稳定发展。

1. 完善社会保障体系的重要性

在深化社会治理的过程中，加强社会保障体系建设已经成了关注焦点。随着社会经济的发展，社会保障作为公共服务的重要内容，已经成为人民群众关注的热点问题。有效的社会保障体系可以让更多人享受到社会保障福利，已经成为深化社会治理的重要目标。

建设完善的社会保障体系，是保障人民群众基本生活权益的重要途径。社会保障体系包括社会保险、社会救助、社会福利等多个方面，社会保障体系建设不仅可以提高人民群众的生活水平，也可以增强人们的社会保障感和幸福感。

2. 完善社会保障体系的措施

加强社会保障体系建设是深化社会治理的重要内容，需要采取一系列措施来提高社会保障水平。

应不断扩大社会保障覆盖范围。社会保障的覆盖范围包括保险救助、福利等多个方面，以保障人民群众的基本生活权益。因此，扩大社会保障覆盖范围，让更多的人享受到社会保障福利至关重要。

应提高社会保障待遇标准。社会保障待遇标准直接影响到人民群众的生活水平，只有提高社会保障待遇标准，才能真正让社会保障福利惠及更多的人民群众。还有必要加强社会保障制度的建设和完善，包括完善社会保障政策和法律法规，推动社会保障制度更加公平、公正、健康地发展。

此外，还应采取其他措施来提高社会保障水平。例如，加强社会保障信息化建设，提高社会保障服务的便捷性和效率；加强社会保障专业人才的培养和管理，提高社会保障服务的质量和效果；加强社会保障与产业发展的衔接，促进社会保障和经济协调发展等。这些措施的实施，可以更好地保障人民群众的基本生活权益，提高人民群众的获得感和幸福感。

加强社会公共管理，制约不正当收入

不正当收入的产生，不仅会扰乱市场经济的正常秩序，导致一些违法犯罪行为的发生，也会导致社会财富的不平等分配，严重影响推进共同富裕的进程。加强社会公共管理，对于促进社会公平正义、维护市场秩序、促进经济的稳定发展，具有重要的意义和价值。因此，我们应该积极推进社会公共管理的改革和创新，进一步提高社会公共管理的水平和能力，形成对不正当收入的有效制约机制。

1.加强法律法规建设和执行力度

为了制约不正当收入的产生，应加强法律法规的建设，特别是在经济领域中，应加大监管力度，针对各类不正当行为制定相应的法律法规。例如，加强对金融、房地产、医疗、教育等行业的监管，制定更加严格、细致的法律法规，规范市场秩序和行业运营。

加强执法力度，对有关不正当的违法行为进行严厉打击和惩罚，提高违法成本，从而有效制约不正当收入的产生。同时，应注重加强对从业人员的培训和教育，提高行业从业人员的法律意识和诚信意识，避免违法行为的发生。

2. 加强监管和审查力度

要想有效制约不正当收入，应加强对各类金融机构的监管，包括银行、证券、保险、基金等金融机构，通过加大对金融机构的监管力度，防止各类金融风险的发生。

应加强对各类经济活动的监管和审查，特别是在金融、房地产等领域，加强对各类金融机构、中介机构和从业人员的监管和审查，防止各类不当行为、欺诈行为和违法犯罪行为的发生。

加强对资本市场的信息披露、证券交易的监管，加强对资本市场的从业人员，股东、大股东和上市公司高管，以及投资者保护的监管，防范各类违法操作和市场操纵行为，确保市场的公平、公正和透明。

3. 加强信息公开和透明度

加强信息公开和透明度是制约不正当收入的重要手段之一。应加强信息公开和透明度，特别是在公共资源配置、政府采购、行政审批等方面，以防止权力滥用、腐败和不当收入行为的发生。

为此，制定相关政策和规定，明确信息公开的范围和标准，加强信息公开的监督和管理；加强对公共资源的配置和使用的监管和管理，加强公共资源配置的透明度，防止权力滥用和不当行为的发生；加强采购的监管和管理，加强采购的透明度，防止权力滥用和腐败的发生；加强行政审批的监管和管理，和审批流程的透明度，防止权力滥用和不当行为的发生。

4. 加强监督和问责力度

加强监督和问责力度也是制约不正当收入的重要手段之一。应加强对行政机关、公共机构、企业和相关从业人员的监督和问责，防止不当行为和违法犯罪的发生；及时发现和纠正违法犯罪行为，保障公共利益和市场秩序的有序稳定；加强对不当行为和违法犯罪的问责，建立健全问责机制，对不当行为和违法犯罪行为进行严肃处理；加强对举报人的保护，建立健全举报机制，对举报人进行保护和奖励，鼓励广大群众参与到反腐斗争中来；加强对干部任用和管理的监督，防止干部通过职务上的便利获取不正当收入。

强化社会组织治理，促进共同富裕

社会组织是非营利性社会服务活动的一种组织形态，其组织成员包括企事业单位、社会团体和其他社会力量以及个人。社会组织在社会主义现代化建设中扮演着重要的角色，为促进共同富裕和社会进步发挥着积极作用。社会组织的出现不仅丰富了社会生活，也为政府分担了一部分社会管理和服务职责。同时，社会组织也是民主社会建设和法治建设的重要组成部分，能够为促进社会公平、公正和民主化进程做出贡献。应加强对社会组织的支持和管理，促进其健康有序发展，以推动共同富裕进程。

1. 提升社会组织能力

社会组织要充分发挥组织中党员干部的先锋模范作用，广泛开展结对帮困、助老助孤、共建共治等公益服务活动。这些服务活动可以有效地帮助人们解决实际问题，提高社会组织的社会影响力和公信力。

社会组织应建立奖、补专项资金，对新成立的相关社会组织给予一定的开办经费资助和政策支持。另外，对于慈善类社会组织还应该额外增加

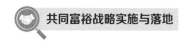

奖励，鼓励其积极参与公益事业。

社会组织要加强品牌社会组织和领军人物的培养和选拔工作。除了组织本身要做好相关工作外，可以定期举办社会组织负责人、专职工作人员等专题培训班，引导社会组织开展品牌建设，创设品牌项目，提高社会组织的竞争力和公信力。

2. 激发社会组织活力

社会组织要打造横向到边纵向到底的培育孵化体系，畅通社会组织作用发挥渠道。可以通过多种方式，如资金扶持、政策支持等，鼓励和引导社会组织的成立和发展，同时也要加强对社会组织的管理和监督，确保其活动的合法性和规范性。

社会组织要通过借助政府服务和社会资源力量的方式下沉基层，在提供公共服务、扩大居民参与、推进资源链接等方面丰富基层服务力量。尤其是要积极推动建设镇（街道）社区发展基金会，撬动更多社会力量助力共同富裕。可以与社会组织合作，共同为基层提供公共服务，促进基层发展。

社会组织要努力通过深入社区网格，参与社区便民服务、承接社区治理项目、培育社区自治公益组织等。可以通过多种方式为社会组织提供更多的支持和帮助，鼓励其积极参与社区建设和治理，推动社区自治和共同富裕的实现。

3. 凝聚社会组织助合力

社会组织要积极参与对特殊群体的关爱活动，如围绕空巢高龄老人、困难残疾人、低保对象等群体开展的关爱活动。通过购买社会组织服务的方式，组织人员定期开展探访关爱活动；围绕困境儿童的个性化需求，开展资助困境儿童等项目，多样化提供社会融入、能力提升、心理疏导、关系调适、关爱帮扶等服务，营造困境儿童健康的成长环境。这些服务项目可以有效地帮助特殊群体解决实际问题。

社会组织要积极发挥自身的行业特点、专业能力和资源优势，有序组织人员赴对口协作地区开展结对帮扶、物资捐赠和项目发展活动。鼓励和引导社会组织积极参与对口协作，发挥社会组织的特长和优势，为协作地区提供更多的帮助和支持。

社会组织可以设立专项资金，鼓励组织内外人员购买服务项目，这样既能够推动社会组织的发展和壮大，同时也让社会组织更好地服务社会。努力调动社会组织的积极性，提高其服务质量和能力。

健全社会协商机制，推动共同富裕

推动共同富裕需要健全社会协商机制。社会协商是基层群众自治范畴内的一种民主决策方式，协商内容针对的是广泛存在的基层社会矛盾或问题。推动共同富裕要确保通过社会协商形成最大共识和动员最强能量。为了实现这一目标，要凝聚集体共同富裕的共识，构建并运行共同责任体系，使各自负有共同富裕任务的主体能够承担起应尽的责任和义务。

1.凝聚负责共识

在推进实现共同富裕的过程中，需要激发集体负责共识的形成，以充分发挥全社会的力量和智慧，促进共同富裕目标的实现。

在推动形成这一共识的过程中，需要重视思想向心力和发展动力的提升。要加强利用党建夯实集体负责思想向心力基础，通过党的领导和组织建设，形成共同富裕的意识和信念，凝聚共同富裕的共识。要聚焦通过制定有力的政策和措施，提高经济和社会发展的质量和效益，实现共同富裕的可持续发展。

2. 构建协商机制

构建社会协商机制，对于推进共同富裕具有重要意义。在协商机制构建过程中，协商主体可以通过交流和探讨，强化在推进共同富裕中解决问题的能力，从而推进共同富裕的进程。同时，协商主体也可以就共同富裕的共同责任问题展开对话和研讨，坦诚交换意见和建议，从而强化协商主体各自的责任认知能力和责任担当能力。

这种协商机制具有平等性和民主性的特征，可以促进各方在共同富裕方面的合作和协调，实现共同富裕目标的协同推进。

3. 构建监督激励机制

构建社会协商监督和激励机制是实现共同富裕的必要手段之一。在监督方面，在推进共同富裕的过程中，不同主体之间需要实施交叉监督，通过共同责任的协商机制解决在监督过程中发现的问题，从而有效激发各类主体在推进共同富裕过程中的潜力与活力。

需要根据激励一致性原则，设计共同责任激励机制，便于解决在推进共同富裕过程中出现的道德风险、信息不对称、能力差异和履职担当等问题。从而进一步提升各类主体的积极性和创造性，营造相互追赶、争先创优的良好氛围，提高推进共同富裕的实效性。

改革政府治理，服务于共同富裕目标

共同富裕是当前国家治理现代化的重要命题和优先发展目标。在实现共同富裕的过程中，政府治理发挥着关键性作用。政府治理是国家治理的核心和基础，政府的治理能力和水平直接影响到共同富裕目标的实现。共同富裕不仅仅是一个静态的目标，还是一个动态平衡的发展过程。只有加强政府治理现代化，才能够更好地推进共同富裕的进程，和实现社会公共利益的最大化。

1. 推进基本公共服务

基本公共服务是国家的基础性公共服务，是满足人民群众基本需求、提高社会公共利益、推进共同富裕的重要手段。因此，要构建涵盖教育、医疗卫生、住房、就业、社保、养老等方面的基本公共服务体系，从而实现普惠化。同时，也需要推进公共资源向基层延伸、向农村覆盖、向偏远地区倾斜，确保公共服务惠及全体社会成员。

在提供基本公共服务的形式上，积极利用信息技术工具，比如，采用云计算、大数据等技术创新转移支付方式，从而实现便捷化。一方面，利用数字化信息手段精准定位困难地区和困难人群，针对其突出问题和薄弱环节集中发力，提高基本公共服务的精准性和针对性；另一方面，通过数据监控技术可以加强资金的日常监管和动态监管，跟踪确保每笔资金流向明确、账目可查，提高基本公共服务的透明度和公正性。

实现共同富裕需要政府治理现代化，而推进基本公共服务是政府治理现代化的重要方向。加强对基本公共服务的规划、组织、管理和监督，不断提高基本公共服务的质量和效率，使其更好地服务于人民群众，为实现共同富裕目标做出积极贡献。同时，还应该加强与社会组织和市场机构的合作，共同推进公共服务体系的构建和协同发展，为实现共同富裕目标提供坚实的基础保障。

2. 加大税收政策的调节力度

税收作为国家财政的重要来源，不仅可以调节经济结构，还可以影响收入分配，缩小贫富差距，推进共同富裕。因此，通过改革政府治理推进实现共同富裕目标，也需要加大税收政策的调节力度。

要健全直接税体系，完善个人所得税制度，通过综合和分类相结合的方式直接平抑收入分配差距。当前，我国个人所得税未能实现充分的纵向平衡和横向平衡，表现为高收入者的税负过轻，低收入者的税负过重，导致贫富差距进一步扩大。因此，要完善和建立综合和分类相结合的个人所得税制度，通过加强对高收入者的税收调节，减轻低收入者的税收负担的方式，实现收入分配的公平性。

要改革完善房地产税，研究开征遗产税、赠予税等新税种，弱化贫富差距的代际传递。房地产税是调节收入分配的重要手段，可以通过调整房地产税的税率和税收范围，实现财富再分配，缩小贫富差距。同时，要研究开征遗产税、赠予税等新税种，减少财产的代际传递，防止富贵陋习的形成，实现贫富差距的平衡化。

要加大对偷税、漏税行为的处罚力度，为缩小贫富差距、推进共同富裕提供法律保障。偷税、漏税不仅会导致税收收入的减少，影响政府的财政收入，同时也会导致贫富差距的进一步扩大。因此要加大对偷税、漏税行为的处罚力度，加强税收监管，减少和避免税收漏洞，从而保障税收制度的公正性和健康发展。

第九章　推动科技进步，
通过技术创新赋能共同富裕

　　推动科技进步，通过技术创新最终能够实现共同富裕。这需要所有创新主体共同参与，促进创新要素的流动，积极发展共享经济、数字经济和通证经济。应鼓励科技创新，激发实现共同富裕的内生力量，让更多人享受科技成果带来的好处。

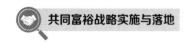

创新主体共进，形成共同富裕合力

实现共同富裕需要政府、企业、个人等创新主体共进协同，积极参与到共同富裕事业建设中来，从而形成共同富裕合力，做大和分享共同富裕这块"蛋糕"。

1. 政府要鼓励、引导创新主体参与其中

实现共同富裕目标不能一蹴而就，是一个循序渐进的过程，需要政府鼓励、引导创新主体协同参与其中。在推进共同富裕过程中，政府的引领作用是非常关键的。应依据本地区的优势和实际情况，制定相应的政策和措施，鼓励和支持创新主体参与共同富裕事业。例如，可以加大科技创新投入力度，优化科技创新环境，建立科技创新平台，促进科技成果转化和产业化，提高地区的创新能力和核心竞争力。同时，加强与企业和科技人才的合作，鼓励其在共同富裕事业中发挥积极作用，为地区的发展和繁荣做出更大的贡献。

2. 企业要积极共建创新联合体

企业要本着"先富带后富"的思想，积极共建创新联合体，为推进共同富裕事业做出贡献。先富起来的龙头企业要承担起社会责任，积极在欠发达地区设立分公司，促进当地资源开发，提供更多就业岗位。要发挥自身在技术和管理方面的优势，积极引导中小微企业参与到当地产业发展中来，实现资源共享、优势互补。

先富企业要通过联合中小微企业，组建创新联合体，就产业发展的共性问题展开研讨，共同解决难题，形成全产业链共同发展的科技创新生态圈，从而营造"先富带后富"的产业发展风气，推进共同富裕事业的发展。这样的发展模式可以促进企业之间的合作，增强企业的创新能力和核心竞争力，为推进共同富裕事业提供强有力的支持和保障。

3. 个人要树立责任意识

个人在实现共同富裕过程中扮演着至关重要的角色，需要树立责任意识，积极响应党的号召，为实现中华民族伟大复兴做出自己的贡献。为了实现第二个百年奋斗目标，个人需要具备到祖国偏远落后地区奉献才智、贡献力量的勇气与担当。

在实践中，个人可以通过志愿服务、公益捐助、科技创新等方式为地区经济建设助力，为实现共同富裕事业不懈奋斗。同时，要树立敬业奉献、艰苦奋斗、具有突出创新能力的精神，积极发挥自己的优势，为地区经济发展注入新的动力。只有个人树立责任意识，才能形成全社会共同推动共同富裕事业向前发展的强大力量。

促进创新要素流动，为共同富裕提供支持

创新要素是指和创新相关的资源和能力，也就是支持创新的人、财、物，以及将人、财、物组合的机制。创新要素是实现共同富裕的重要因素，当它在区域间、城乡间进行流动时，将带来更多的机会、更高的生产效率和更平等的机会，这将有助于人们共享经济发展的成果。

1. 促进创新要素在区域间流动

促进创新要素在区域间流动对于缩小科技成果转化周期、填补创新洼

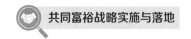

地、提升区域经济竞争力以及实现共同富裕具有重要意义。

通过将全国统一市场与区域市场相结合，可以发挥区域的示范带动作用。例如，在这一市场环境下，中西部地区可以承接长三角、珠三角地区的产业转移，加快构建城市圈，为中西部地区创造更多的就业岗位，拉动经济增长，有利于促进区域协调发展。

为了促进创新要素在区域间流动，有必要加强各地区间的科技合作与对口支援。这可以鼓励发达地区"一对一"帮扶欠发达地区，通过开展区域间成果转化等合作，使发达地区的科技型企业、技术平台向欠发达地区转移，推动这些地区的经济发展。

通过上述合作与支援，可以使资金、技术、人才等创新要素由发达地区向欠发达地区流入。这将有助于有效配置区域资源，推动共同富裕目标的实现。

2. 促进创新要素在城乡间流动

促进创新要素在城乡间流动，可以让城市和乡村之间的技术、信息等壁垒被打破，利用数字乡村发展的机遇，在农村地区全面应用并推广先进技术，并建立信息交流平台，从而避免数字鸿沟的出现，有利于吸收创新要素夯实农村技术设施建设基础。这不仅可以提高农村生产力和经济效益，也可以满足农民对生活品质和文化娱乐的需求，促进城乡居民之间的互动和交流。

同时，在农村地区广泛普及技术知识，科普科技创新对脱贫的积极作用，开展技术讲座等活动，可以全面提高农村居民的科学文化素质，加速农村的知识化进程，缩小城乡居民间的科学知识差距和信息差距。这有助于提高农村居民的创新能力和竞争力，以及为农村发展注入新的动力。

在促进创新要素在城乡间流动的过程中，需要政府、企业和社会各方面的合作。政府可以制定相关政策和措施，提供必要的资源和支持，鼓励企业和社会力量参与其中，共同推动城乡融合发展和创新要素的流动。

积极发展共享经济，推进共同富裕进程

发展共享经济是推动共同富裕的重要途径。共享经济既可以通过再利用闲置资源提高经济效率，促进共同富裕，还能够通过提高工资性收入和丰富财产性收入来源，带动更多自发的第三次分配行为，提高共同富裕的分配效率。因此，积极发展共享经济对于推进共同富裕进程具有重要意义。

1. 发展共享经济新业态

要依托工业互联网和数字技术产业的发展，加快零部件、设备、工厂、仓储等生产要素的共享，创新商业模式，提高资源利用效率。

例如，可以通过建设共享设计平台，实现设计资源的共享；建立共享制造网络，实现中小企业的资源整合与协同制造；发展以租赁方式为主的设备共享模式，提高机械设备的利用率等。

2. 引导共享经济实现突破

要从共同富裕的大战略出发，针对推进共同富裕的关键领域、主要难点、重大需求，引导共享经济有侧重地实现创新突破。这意味着共享经济的发展最终要造福更广大的人群，提高大众的获得感。

例如，要引导共享经济向小城镇、农村地区扩展，让更多的人能共享到经济发展的红利；开展有针对性的技能培训，让更多人具备参与共享经济的能力；要加大政策扶持力度，让共享经济更多地惠及弱势群体。

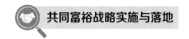

3. 加强共享经济监管

共享经济的监管应遵循其发展规律。这意味着监管部门需要对共享经济有深入了解和认识，理解其运作模式和业态，明确其面临的问题和风险。只有这样，监管才能真正奏效。同时，监管还需要兼顾引导和鼓励的作用，因为过于严厉的监管会扼杀共享经济的创新活力。

加强共享经济监管，要充分利用数字经济的监管体系和治理体系，结合共享经济的发展规律，通过信息共享、风险防控、行为引导等措施，在规范和引导中鼓励共享经济有序发展，从而推进共同富裕进程。

大力发展数字经济，助力实现共同富裕

数字经济是在高质量发展中促进共同富裕的重要力量，它不仅能够促进持续性、均衡性增长，还能够助推共享式、普惠式发展。在发展数字经济的过程中实现共同富裕，意味着创造更多就业机会，提升收入水平，扩大中等收入群体比重和推动全民共享数字红利。

1. 通过数字产业化，创造就业机会

数字产业化是当前经济发展的趋势，数字产业属于高附加值产业，相较于传统产业而言，其收入水平普遍较高。数字技术的发展也催生了互联网经济领域的创业新模式，例如，共享经济、电商等，这些新模式为自由职业者提供了更多的就业和创业机会。

数字产业化能够为经济发展带来很多积极的影响，其中一个重要的影响就是创造就业机会。数字产业的发展需要大量的数字人才，包括技术研发人员、软件工程师、网络安全专家、数据分析师等。这些人才的需求和

就业机会随着数字产业的发展而不断增加。此外，数字产业的发展还带动了相关产业的发展，例如，互联网金融、电子商务等，这些产业也为就业创业提供了更多的机会。

数字产业的发展还带来了更多的自由职业者和创业者，他们可以通过互联网等数字技术平台，利用自身的技能和资源，开展各种形式的自由职业和创业活动，例如，网络营销、自媒体运营、软件开发等。数字产业的发展也为这些自由职业者和创业者提供了更多的机会，让他们可以在数字经济的浪潮中实现职业和创业梦想。

2. 通过产业数字化，提升收入水平

随着我国产业数字化的加速发展，数字技术正在赋能传统产业，大大提高了劳动生产率，促进了经济的发展。同时，数字技术的应用也要求劳动从业人员具有较高的知识技能，促使劳动者进行职业技能学习，从普通工人转向技术工人，从而有效提高了劳动者的职位和劳动报酬水平。

通过产业数字化，使得传统产业得以快速升级，实现智能化生产和管理，既提高了生产效率和质量，又降低了生产成本。这些技术的应用也促进了传统产业向数字化、智能化、绿色化转型，进一步提高了产业的附加值和竞争力，从而实现了提升收入水平的目标。

此外，数字技术的应用与日常生活生产相结合，促进了在线教育、远程医疗等行业的快速发展。在线教育可以突破地域限制，让更多的人接受优质的教育资源。远程医疗可以解决医疗资源不均衡的问题，让更多的人节省医疗成本的同时享受到优质的医疗服务。这些数字技术的应用不仅提高了生产效率，也改善了人民的生活质量，进一步促进了收入水平的提升。

3. 数字技术赋能乡村振兴，扩大中等收入群体

数字技术赋能乡村全面振兴是农业农村领域扩大中等收入群体、提高

低收入群体收入水平的重要路径。数字经济可以促进乡村振兴，通过培育现代农业以及壮大乡村旅游、农村电商等富民产业来实现。

数字技术可以为现代农业发展带来新机遇。通过建设数字加工厂、数字牧场、无人农场等数字化生产模式，促进农业产业现代化集约化发展，增加产业附加值，提升就业人员收入水平。数字技术的应用还可以提高农业生产的精准性和效率，从而降本增收。

数字技术也可以促进乡村旅游和农村电商的发展。乡村旅游是一种重要的富民产业项目，数字化可以为其提供更多的发展机遇。例如，数字技术可以用于旅游资源的精准定位和推广，提高服务质量和旅游体验，从而吸引更多的游客来到乡村旅游区，增加当地的旅游收入。同时，数字技术也可以帮助农村电商发展，打破地域限制，拓宽农产品销售渠道，提高农民的收入水平。

4. 通过数字化治理，推动全民共享数字红利

随着数字经济的快速发展，数字治理能力也要求实现相应提升。数字化治理可以推动全民共享数字红利，更好地满足人民群众的美好生活需要。

在教育、医疗等领域，平台型企业利用大数据可以进一步缩小城乡之间的服务差距，使农村居民和低收入群体能够更加便捷地享受到高质量的教育和医疗服务。例如，数字化的医疗服务可以让医生和患者之间进行在线交流，提高了医疗资源的利用效率和质量，让患者可以在节约看诊成本的同时得到更好的医疗服务。

在职业教育等领域，利用线上平台开展技能培训，可以为产业工人提升职业素养，创造更为广阔的空间。数字化的职业教育可以通过互联网和移动设备实现线上学习，让工人们在工作之余更加便捷地接受培训，提高职业技能水平，为他们的职业发展打下坚实的知识基础。

在基础设施等领域，数字新基建不断延伸至农业农村领域，赋能乡村振兴，能够有效推进城乡统筹协调发展。例如，数字化的智慧农业可以通过物联网、云计算等技术，实现农业生产的精准化、智能化管理，提高农业生产效率和质量，推动农村经济的发展。

在政府服务等领域，数字技术的广泛应用可以极大提升办事效率，进一步优化营商环境，有效推进经济社会发展。例如，数字化的政务服务可以通过互联网和移动设备实现在线办理，让人们不用再排长队等候，提高了办事效率，优化了营商环境，带动了经济发展。

通证经济打造持续获益的共赢局面

通证是可流通的权益凭证的统称，比如，积分、优惠券、购物券、计划经济时代使用的布票、粮票、肉票等都可以统称为通证。通证经济是将通证数字化、可信化和通证化，引导相关资源发挥作用，推动生产力与生产关系发展的经济形态，其本质是改变生产关系，改变社会财富分配的方式，最终必将带来一场巨大的商业变革。通证经济在本质上是一种基于区块链技术的创新经济模式，通过数字化的方式将消费者的购买权益和经营权益数字化，并通过预设的规则构建一套科学合理的奖励机制和分配机制。这种经济模式可以打破传统生产者和消费者之间的对立关系，让二者成为利益共同体，实现消费资本化，让消费者成为企业的投资者，分享企业的发展成果，从而打造持续获益的共赢局面。

1.通证经济让消费者在购买通证的同时赚到钱

通证经济让消费者可以通过购买通证等方式享受到由通证价值的增长

所带来的经济回报，促进了共同富裕。

除了购买通证，消费者还可以通过参与通证经济中的社区建设、运营和推广等方面的工作来获得通证奖励，从而变成消费商。通过参与这些工作，消费者可以获得通证奖励，并享受到由通证价值的增长所带来的经济回报，进一步促进了共同富裕。

2. 通证经济让普通百姓分享企业红利

通证经济的出现，为普通百姓分享企业红利提供了全新的机会和参与方式。传统上只有企业的股东或投资者才有资格分享企业的红利，而通证经济中的通证持有者可以通过持有和交易通证来分享企业的红利。通证经济中的企业可以通过向持有其通证的人支付红利或分红来回馈其持有者。这种机制可以让普通百姓也能够分享企业的红利，而不仅是少数股东或投资者。

通证经济中的通证持有者还可以通过参与企业的建设、运营和推广等工作来获得通证奖励。这些工作可以是分享企业的信息、参与企业的市场调研、提供有价值的反馈等。通证持有者由此可以获得通证奖励，并享受到通证价值的增长所带来的经济回报。这种机制也可以让普通百姓参与到企业的建设和发展中，从而分享企业的红利。

通证经济中的绿色消费积分是企业把消费行为者的消费视作对企业的价值贡献，它是企业给予这种价值贡献的记录凭证。绿色消费积分可以兑换商品与服务，兑换企业的利润分红权，也可以兑换企业的资本收益权。发行的主体是依法在工商部门注册登记的组织机构，而不是由自发形成的社区、社群以及其他虚拟数字团体。绿色消费积分来源于对实体产业的贡献行为，如消费行为产生，对产业发展的数据贡献行为产生等，绝非直接货币买卖行为产生。发行绿色消费积分的目的是通过积分激励，拉动内需，促进消费，构建一种新型生产关系，改变财富分配方式，最终实现共同富裕。绿色消费积分的发行应遵循财务制度，锚定企业的资产、利润，做到不超发、不虚发，规避支付挤兑风险，对消费者未来再消费的权利进行承诺，并按照承诺履行自己的义务。消费积分是一种价值凭证，不具有金融属性，也不能在二级市场直接进行交易。

此外，通证经济中的奖励机制和分配机制可以保证通证持有者的权益，让通证持有者获得公平的奖励和分配。这些机制可以根据企业的发展情况进行调整，以保证通证持有者的利益最大化。由于通证经济中的奖励机制和分配机制具有公开透明、不可篡改等特点，因此可以保证公正性和透明度，增加了普通百姓对通证经济的信任度和参与度。

鼓励科技创新，激发共同富裕的内生力

科技人才对实现共同富裕具有推动作用，因此要让科技人才激活农村产业活力，提高科技人才的收入水平，培养科技人才的开拓创新能力，这样才能更好地为实现共同富裕提供动力。

1. 让科技人才激活农村产业活力

实现农村富裕是促进共同富裕的一个重要方面，而要实现农村富裕，就需要激活农村产业活力。为此应采取以下措施：

一是以科技特派员制度为切入点，支持更多的科技人才进入农村，为农民提供科技服务。科技特派员制度是党和政府长期以来重视科技与农业发展的一个重要措施。通过派遣科技特派员到农村，为农民提供技术支持和服务，可以提高农业生产的效率和质量，促进农业现代化进程。

二是以大学生创新创业为着力点，加强对大学生关于农村形势与政策、农业技术和创业培训等方面的服务，引导大学生树立正确的就业择业观，以人才下乡为农村发展注入新鲜血脉。大学生是国家培养的重要人才，他们具有较高的科技素养和创新意识，可以为农村的发展注入新的动力。通过引导大学生到农村创新创业，可以促进农村经济的发展，进而提高农村居民的生活水平。

三是以培育新型职业农民为突破点，在农村建立培训机构，引导农民积极参与，从而提高农民的知识技能水平。新型职业农民是新时代农村发展的主力军，他们具有丰富的专业知识和实践经验，可以为农村经济的发展提供有力支持。通过开展培训和引导农民积极参与的方式，可以提高农民的知识技能水平，培育更多的新型职业农民，为农村产业的发展提供强有力的支撑。

2. 提高科技人才的收入水平

提高科技人才的收入水平有助于激励科技人才的创造活力，促进科技创新和高质量发展。为此应采取以下措施：

一是建立健全工资制度，保护科技人才的合法收入，并落实合理的工资增长机制，不断提高科技人才收入，扩大中等收入群体范围。科技人才是国家和企业的重要资源，他们的工作成果对于提高国家和企业的竞争力至关重要。通过建立健全的工资制度和增长机制，可以保护科技人才的合法收入，提高他们的社会地位，同时，也可以扩大中等收入群体范围。

二是提高技术工人待遇。技术工人是科技人才的重要组成部分，在科技研发和技术创新中发挥着重要作用。为了激励技术工人更加努力工作，应该进一步放宽工人对科技研发经费、科技成果转化效益的自主处置权，鼓励用人单位提供安置津贴，激活科技人才的创造活力。

三是改善营商环境，为中小企业创造良好的发展环境，增强中小企业提供更多就业岗位的能力。中小企业是国家经济的重要支柱，是科技人才就业的重要来源。因此，应该改善营商环境，通过降低准入门槛、减免税收等措施，增强中小企业提供更多就业岗位的能力，从而为科技人才提供更多的就业机会和收入来源。

3. 培养科技人才的开拓创新能力

为了培养科技人才的开拓创新能力，应采取以下措施：

一是科技人才是国家的宝贵资源，他们的思想观念和价值观念对于科技创新和社会发展具有重要影响。因此，应该建立科技人才的核心价值观，培养坚持人民至上、共同富裕理念的科技人才，让他们自觉肩负社会使命和担当，为实现中国式现代化建设提供强大的智力和人才支撑。

二是创新需要有良好的环境和条件支持。因此，应该营造良好的创新环境，提供充足的科研经费和技术支持，鼓励科技人才进行创新性的研究和实践。此外，还应该加强知识产权保护，为科技人才的创新提供更好的保障。

三是科技人才的开拓创新能力需要不断学习和培训。因此，应该加强科技人才的培训和教育，为其提供系统化、全面化的培训和教育服务，为科技人才的职业发展提供坚实的基础。

四是科技的发展需要跨界融合和交流合作。因此，应该鼓励科技人才跨学科、跨领域合作，拓宽视野和思路，促进不同领域的交流和合作，为创新提供更多的可能性和机遇。

第十章　坚持扩大开放，高水平开放助力实现共同富裕

为实现共同富裕，应在以下五个方面努力：更广泛参与全球产业链和供应链；高质量推动"一带一路"建设；高标准构建自由贸易区网络；推动服务领域扩大开放；加快形成双循环新发展格局。只有实施高水平的开放策略，共同富裕之路才能宽广而顺畅。

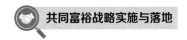

更广泛参与全球产业链和供应链

产业链和供应链是重要的全球公共产品，对于各国的经济发展，促进财富增值具有重要意义。通过培育新增长点、形成新动能，增加附加值，提高劳动生产率，继而提高劳动报酬水平。

1. 参与全球产业链，在经济内外联动中增加收入

我国的产业链和需求市场已深度融入全球经济体系，是世界第一生产国和第一贸易国。我们要继续坚持对外开放的基本国策，推动形成顺畅的国内国际经济双循环，打造参与国际经济合作和竞争的新优势，在经济内外联动中增加收入。

在实现经济内外联动增加收入的过程中，需要采取更多的措施。一方面可以通过加强国际经济合作和竞争，开拓更多的市场和资源，促进贸易和投资的自由化，推动形成开放型世界经济和互利共赢的局面；另一方面，则可以通过加强国内市场的规划和建设，增加消费需求，提高消费能力，打造强大的国内市场，从而促进经济增长和就业率增加。此外，还可以加强科技创新和人才培养，提高产业竞争力和核心技术水平，推动我国在全球产业链中的地位和影响力得到进一步提升。

2. 参与全球供应链，是实现共同富裕的重要途径

参与全球供应链对于实现共同富裕的目标具有重要的意义。一方面，参与全球供应链可以带来更多的经济机遇和就业机会，促进贫困地区经济发展和民生改善。同时，可以促使中国企业在全球范围内开展贸易活动和投资业务，促进贸易自由化和投资便利化，增加企业和个人的收入。在全球供应链中，中国可以根据自身优势和需求，选择参与到各个环节中，以此提高国际竞争力和产业链的附加值。同时，全球供应链也为中国贫困地区提供了更多的机遇和就业岗位，帮助贫困地区脱贫致富，促进经济发展和民生改善。

另一方面，参与全球供应链可以带来更多的技术和知识，促进人才培养和科技创新，提高人民群众的素质和生活水平。全球供应链的深度融合和互联互通，为中国企业和个人提供了更多的机遇和平台，可以更加便捷地获取全球最新的技术和知识。这不仅有助于提高中国企业的竞争力和附加值，也有助于加强中国的创新能力和核心技术水平。此外，通过参与全球供应链，还可以加强与其他国家和地区的交流和合作，吸收和借鉴其他国家和地区的优秀经验和做法，提高中国人民的生活水平。

高质量推动"一带一路"建设

"一带一路"是中国发起的一个重大国际合作倡议，旨在促进沿线各国的互利合作和共同发展。经济合作是"一带一路"建设的基础和重点，稳步推动区域经济一体化和共同繁荣，有助于实现共同富裕的目标。

1. 建立平等合作的伙伴关系

建立平等合作关系是保障"一带一路"建设顺利实施的前提。只有在各国均享有平等的权利和机会的情况下，才能保证合作的顺利进行，实现关键领域的协调发展，避免出现不必要的摩擦和冲突。如果存在明显的不平等性，一些国家可能会感到不满和不安，从而减缓甚至阻碍了"一带一

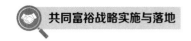

路"建设的进程。

坚持平等合作是实现共同富裕的基础。各国应该共同探讨并解决关于在经济、贸易、投资等领域中出现的问题，共同推动地区的经济和社会发展。只有实现共同富裕，才能保持地区稳定和繁荣，从而减少地区间的差距和不平等现象。

建立平等合作的关系有利于增强各国间的互信和友谊。在合作的过程中，各国能够更好地了解彼此的文化和国情，增进相互的了解和互信。这将有助于加强地区间的关系，提高各国间的政治信任，进一步巩固地区和平与发展的基础。

2.推动产业升级和技术创新

通过技术转移和培训可以促进沿线国家的产业升级。在"一带一路"建设中，中国可以将自己在技术和管理方面的优势转移给沿线国家，提高其产业水平和竞争力。通过技术培训，沿线国家的技术人才可以学习到尖端技术，提高专业能力，促进产业的发展。

通过技术创新可以推动沿线国家的经济和社会发展。中国可以与其他国家共同开展科技研究和技术合作，促进技术创新，推动沿线国家的经济和社会发展。通过技术创新，可以提高生产效率，降低成本，提高产品质量，增强产品竞争力，从而推动沿线国家的经济和社会发展。

通过技术转移和培训有助于增强沿线国家的自主创新能力。沿线国家可以学习到中国的先进技术和管理经验，增强自己的自主创新能力，提高技术水平和竞争力。这将有助于增强沿线国家的经济和社会发展的可持续性。

3.实施可持续发展战略

注重环保、资源节约和生态保护可以促进经济的可持续发展。在"一带一路"建设过程中，应该注重环保、资源节约和生态保护，优先发展清洁能源、环保产业和循环经济等领域，减少对自然资源的消耗和污染，提高资源利用效率和生产效率，推动经济的可持续发展。

推动绿色发展和低碳经济可以促进社会的可持续发展。在"一带一路"建设过程中，应该注重推动绿色发展和低碳经济，降低碳排放和环境污染，提高生态系统的稳定性和健康度，提高人民的生活质量和福利水平，推动社会的可持续发展。

实现可持续发展有助于保护自然环境和生态系统。在"一带一路"建设过程中应注重生态保护，保护自然环境和生态系统，维持生态平衡，保证生物多样性和生态稳定性，从而实现生态文明的建设和可持续发展。

4. 加强人文交流和教育合作

在"一带一路"建设中，各国可以加强人文交流，通过举办文化活动和展览的方式，促进文化交流和交流互鉴。通过教育合作，加强各国之间的教育交流和学术合作，提高各国的教育水平和科学技术水平，从而增强相互间的了解和尊重，增强文化交流和互信。

通过人文交流和教育合作，可以促进各国人民之间的相互了解和尊重，减少因文化差异造成的误解和不信任，增强地区间的和谐和稳定。同时，各国可以通过教育合作共同探讨和解决共同发展的问题，提高技术水平和创新能力，推动各国在经济、文化和社会等的共同发展。各国也可以加强环保和生态文明方面的交流和合作，推动绿色发展和低碳经济的建设，从而实现可持续发展和共同富裕。

5. 发挥基础设施对经济的促进作用

通过基础设施建设，促进经济的发展。各国可以加强基础设施建设，比如，建设高速公路、铁路、港口、机场、电力、通信等基础设施，以提高物流和信息流的效率，降低交通和物流成本，促进区域经济的发展。

通过基础设施建设，促进社会的发展。各国可以加强建设教育、医

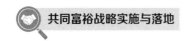

疗、文化、体育等公共设施，提高人民的生活水平和福利水平，促进社会的发展。

此外，可以实现共同富裕。各国可以将基础设施建设与全民经济发展结合起来，促进经济和社会的全面发展。

高标准构建自由贸易区网络

自由贸易区是国际贸易合作的重要形式，构建高标准自由贸易区网络是实现共同富裕的重要手段之一。在自由贸易区网络内，各国可以实现资源的优化配置和互惠合作，实现共同发展和共同富裕。

1. 促进区域经济的发展，提高经济水平

扩大市场规模，促进资源的优化配置。处于自由贸易区网络内的各国可以通过降低关税和打破非关税壁垒，取消贸易限制和歧视性政策，实现贸易的自由化和便利化，促进跨境贸易和投资的自由化，从而扩大市场规模，促进资源的优化配置，提高区域经济效益。

促进产业升级和技术创新。处于自由贸易区网络内的各国可以通过开放市场、促进贸易和投资的自由化，吸引更多的外资和技术，从而提高产业的竞争力和效益，推动区域经济的发展。

促进基础设施建设和物流配送的优化。处于自由贸易区网络内的各国可以通过加强基础设施建设和物流配送的优化，来提高物流效率和服务质量。

促进人员流动和交流，推动人才和技术的融合。处于自由贸易区网络内的各国可以通过减少人员流动的限制和精简审批程序，加强人员的流动和交流，促进人才的跨境流动和交流，推动人才和技术的融合，提高区域经济的竞争力和创新能力。

2. 促进人员流动和交流，提高人才水平

降低人员流动的成本和限制。通过降低人员流动成本可以促进跨境人员流动和交流，从而为各国提供更多的人才资源和机会，同时有助于提高人才水平。

促进人才的培养和发展。自由贸易区网络内的各国可以通过开展人才培训和交流活动的方式，提高人才的专业知识水平和实践能力，促进人才的成长和发展，提高人才的水平和质量。

促进人才的融合和创新。自由贸易区网络内的各国可以通过加强人员流动和交流，促进人才的融合和创新，推动各国人才之间的互相学习和交流，促进各国经济的创新和发展，提高人才的竞争力和创新能力。

提供更多的就业机会和发展机会。自由贸易区网络内的各国可以通过促进经济的发展和人才的流动，提供更多的就业机会和发展机会，为各国人才提供更好的发展环境和机会，推动人才的跨境流动和交流。

3. 促进文化和教育的交流，提高社会文化水平

促进文化的多元化发展和交融。自由贸易区网络内的各国可以通过加强文化和教育交流，了解彼此的文化差异和共同点，促进文化的多元化发展和交融，推动区域文化的发展，增强文化自信心，提高社会文化水平。

提高社会文化素质，增强人们的文化自觉性和文化认同感，推动社会文化的发展，提高社会共识和促进社会和谐。

通过文化和教育交流，增进彼此之间的了解和理解，促进彼此合作和共赢，推动共同发展，实现共同富裕。

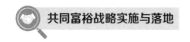

推动服务领域扩大开放

通过推动服务领域扩大开放，可以促进共同富裕。通过增加经济增长点、提高服务质量和效率、促进人员流动和交流等方式，可以实现服务领域的高质量发展和共同繁荣。

1. 增加经济增长点

服务业是各国经济的重要组成部分。随着经济全球化的推进，服务业在国际贸易中的比重越来越大。扩大开放服务领域，可以吸引更多的外资和技术，促进服务业的发展，增加经济增长点，推动各国经济的发展。

服务业可以创造更多的就业机会。服务业通常是劳动密集型产业，扩大开放服务领域可以创造更多的就业机会，提高就业率，增加国家的经济活力。

扩大开放服务领域可以促进服务业与其他产业的融合发展。服务业与制造业、农业等产业之间存在着协同发展的关系，扩大开放服务领域可以促进服务业与其他产业的融合发展，推动产业结构的升级和优化，增强经济的整体竞争力。

2. 提高服务质量和效率

促进资源的优化配置。通过扩大开放服务领域，各国可以吸引和引进其他国家的服务资源，从而实现资源的优化配置，提高服务质量和效率。

促进技术和经验的共享。服务业通常具有高度的技术含量和专业性，开放服务领域可以促进技术和经验的共享，提高服务业的专业水平和效率。

提高服务业的竞争力。各国服务业可以与其他国家服务业进行竞争，从而促进服务业的创新和发展。

3. 促进人员流动和交流

吸引更多的国际人才。服务业通常需要高素质的人才支持，扩大开放服务领域可以吸引更多的国际人才，提高服务业的人才素质和水平。

促进人员的专业能力提升。通过人员流动和交流，服务业从业人员可以学习其他国家先进的服务技术和经验，从而提升自己的专业能力和水平，推动服务业的高质量发展。

促进人民文化交流。扩大开放服务领域可以带来更多的国际人员，既能够促进人民之间的文化交流，又可以增进相互之间的理解和友谊，共同推动构建人类命运共同体。

加快形成双循环新发展格局

加快形成双循环新发展格局能助力实现共同富裕。通过促进经济高质量发展、促进区域协调发展、促进人民群众的福祉改善、促进国际合作与共赢等方式，可以实现共同富裕的目标，让更多的人分享经济发展的成果。

1. 通过内循环，推进实现共同富裕

内循环为实现共同富裕提供更加坚实的基础和强大的动力。通过促进经济结构的优化升级、促进消费升级和扩大内需、促进科技创新和人才培养、促进区域协调发展等方式，可以推进实现共同富裕的目标。

内循环是指在国内市场实现资源要素的优化配置和流动，推动产业结构、产业链、产业生态和市场体系的优化升级。内循环注重提高消费质量和扩大内需，通过推动消费升级和提高消费水平，来促进产业升级和转型升级，提高居民收入水平；注重加强科技创新和人才培养，通过提高科技创新能力和人才素质，可促进经济高质量发展，从而推动产业结构的优化升级，提高居民收入水平；注重加强区域协调发展，通过推动资源要素的优化配置和流动，促进地区之间的经济协作和合作，从而实现区域之间的协调发展，为实现共同富裕提供更广阔的空间和机遇。

2.通过外循环，推进实现共同富裕

外循环为实现共同富裕提供更加广阔的发展空间和机遇。通过促进国际合作和共赢、促进技术创新和人才培养、促进生态文明建设和绿色发展、促进文化交流和人民友谊等方式，推进共同富裕目标的实现。

外循环是指在国际市场内实现资源要素的优化配置和流动，扩大开放合作，促进国际贸易和投资，推动构建开放型世界经济格局。通过促进国际合作和共赢，可以促进全球经济的发展和共同繁荣。外循环注重吸收和创新国际先进的技术和管理经验，推动技术创新和人才培养，提高经济增长的质量和效益；注重推动生态文明建设和绿色发展，积极应对气候变化和环境污染等全球性挑战，推动可持续发展，为实现共同富裕提供更加健康、安全、可持续的生态环境和资源保障；注重推动文化交流和人民友谊，加强人文交流和民间往来，推动构建人类命运共同体，为实现共同富裕提供更加坚实的文化基础和精神支撑。

第十一章
提升生活品质，稳步迈向共同富裕

提高高等教育普及度，提高居民消费能力，完善环境保护措施，关照居民身心健康，采取就业优先政策，这些议题都与提升人民生活水平、稳步迈进共同富裕的目标密切相关。

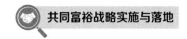

提高高等教育普及度，准备知识变现

　　教育与共同富裕之间的根本关系在于教育是实现共同富裕最重要的前提之一。从这个意义上说，提高高等教育普及度等于为知识变现做准备，只有最大限度普及高等教育，才能满足社会需求，并提高个人收入水平，提升生活品质。当然，普及高等教育不可能自发实现，一定是政府、高校和社会各方共同努力的结果。具体来说，要在生源渠道、资源投入和质量保障等多方面积极作为。

1. 拓展生源渠道

　　打破中考、高考的壁垒，建立起多元化的招生渠道，为更多的学生提供接受高等教育的机会。加大对中等职业学校生和成人教育生的支持力度，加强中等职业学校与高等院校之间的合作，将中等职业学校的学生纳入高等教育的招生范围。同时，可以鼓励成人教育学生参加高等教育的招生考试，提高他们接受高等教育的机会。

　　注重非传统生源的人才培养，建构适应非传统生源的人才培养体制机制，让更多的非传统生源能够工读结合，以保障他们接受高等教育的基本权利。鼓励高等院校开展工学结合的人才培养模式，建立实践教学基地和实习实训基地，提供更多的实践机会和职业发展支持，为非传统生源提供更多的选择和机会。

　　加强对高等教育的国际化合作，吸引更多国际学生来华留学，同时，也可以为中国学生提供更多的海外留学机会，促进高等教育的国际交流和合作，提高高等教育的国际影响力和竞争力。

2. 保障办学资源

鼓励社会力量办学，调动社会资金流入高等教育的渠道，可以通过一系列的措施鼓励社会力量兴办高等教育，如设立专项基金、提供税收优惠政策等，同时可以加强对社会办学机构的监管，保证其教育质量和合法经营。

积极探索政企校企合作办学机制，发挥企业在高等教育中的作用，可以鼓励地方政府和企业共建高校，或开办教育项目，在减轻政府教育财政压力的同时合理发挥社会资本的作用，实现高等教育和产业的深度融合。

鼓励有条件的高校在教育资源薄弱地区开设分校，带动当地高等教育资源的整合和拓展。政府可以为高校在教育资源薄弱地区开设分校提供政策上的支持，同时鼓励高校与当地政府和企业合作，共同推动教育资源的整合和拓展。

进一步完善社会和个人捐资办学制度。应监管和管理教育捐赠，确保捐赠资金得到合理使用，同时可以鼓励高校建立基金，为高等教育的发展提供长期稳定的资金支持。

3. 建设质量保障体系

建立高等教育质量保障体系是促进共同富裕的重要保障之一。高校要加强对学生的培养和管理，为学生提供更好的学习体验和职业发展条件。

加强对高等教育质量的监管和评估，建立高等教育教学质量评估体系，对高等教育机构和教师进行评估和考核，以提高教学质量。同时，还应加强对高等教育的国际化合作，提高高等教育的国际影响力和竞争力，为共同富裕的实现打下坚实的基础。

提高居民消费能力，改善居民生活质量

随着我国经济快速发展，居民消费对经济增长有着重要的影响作用，也是推动居民生活质量不断改善的重要推动力量，进一步促进居民消费，改善居民生活质量，是提升国民社会福祉的重要内容。

1. 提供高质量产品和服务

提供高质量产品和服务是推进共同富裕过程中最贴近百姓生活的重要窗口，可以满足人民对美好生活的追求，增强人民群众的获得感、幸福感和安全感。为此，供给侧尤其是生产制造企业要重视产品和服务质量，注重技术创新和质量控制。应根据市场需求和消费者的反馈，改进和升级产品和服务，提高产品的竞争力和品牌形象。同时，应加强产品质量管理体系建设，制定严格的产品标准和质量控制流程，严格把关产品和服务的质量。

企业要通过应用新兴技术，如人工智能、物联网、区块链等，打造智慧设施、智慧服务、智慧场景和智慧管理，提升消费者购物和休闲体验。例如，通过智能化的购物场景、智能化的商品推荐、无人化的收银等，提高消费者的购物便利性和体验感。要持续优化消费场景，从消费者的角度出发，提供更加舒适、便利、安全、优质的消费体验，满足消费者对购物、休闲、娱乐等方面的需求。

推动产业升级和转型升级，提高整个产业链的质量和效率。加大对产业升级和转型升级的支持力度，鼓励企业加强技术创新和人才培养，提高整个产业链的质量和效率，推动产业向高端化、智能化和绿色化方向发展。

2. 完善居民消费环境

加强市场监管和管理，规范市场秩序。加强市场监管和管理，建立健全的监管机制和法律法规，加大对产品的价格、质量、安全等方面的监管力度，严厉打击虚假宣传、假冒伪劣等违法行为，保证市场秩序和保护消费者权益。

提高消费者知情权和选择权。加强对产品和服务的质量和安全监管，加强消费者权益保护的宣传和教育，推动消费者组织和社会组织对产品和服务的质量进行监督和评价，提高消费者的知情权和选择权，保护消费者的合法权益。

降低消费成本，提高消费者福利。降低税费负担、优化价格结构、提高服务质量等措施实现这一目标。同时，应加大对公共服务领域的投入，提高公共服务的质量和覆盖范围，为消费者提供更加便利和优质的服务。

加强消费者权益保护，完善消费者投诉处理机制。加强对消费者权益保护的宣传和教育，建立健全的消费者投诉处理机制，及时解决和处理消费者投诉和纠纷。同时，还应加强对企业的监督和管理，推动企业履行社会责任和诚信经营。

3. 居民个人消费水平的提升

要提高个人收入水平。个人可以通过提高自身的技能和能力，不断学习和积累经验，从而获得更多的就业机会和收入。例如，通过参加培训、学习新技能、提高专业能力等方式，提升自己的竞争力，增加个人收入。此外，也可以通过创业、投资等方式，增加自己的收入来源。

要树立正确的消费观。个人应该理性消费，避免过度消费和浪费资源。例如，可以通过节约用水、用电、用气等方式，减少生活中不必要的开支，从而提高消费效益。同时，个人也应该注重消费品质，选择高品质、高附加值的产品和服务，提高消费品质和体验。

此外，还可以通过积极参与社会公益活动、环保行动等方式，提高自己的社会责任感和公民意识，这对于提升个人消费水平也是大有裨益的。

完善环境保护措施，提高人民的福祉

良好的生态环境，是最大的民生福祉。因此，要稳定改善生态环境质量，不断满足人民群众对优美生态环境的期盼，从而提高人民的获得感和幸福感。

1. 积极采取生态环境保护措施

加强立法和政策保障，加强生态环境保护领域的立法和政策保障，制定更为严格的环保法规和标准，加大对环境污染和破坏行为的处罚力度，从而有效地维护生态环境的稳定和健康。

加强生态环境监管，加强生态环境监管，建立健全的监测体系和评估体系，实施全过程、全要素的环境监管，及时发现和处置生态环境问题，积极采取有效措施保护生态环境。

推动绿色发展，通过推动绿色发展，鼓励和支持企业采取环保措施，降低资源消耗和污染排放，实现经济发展与生态环境保护的良性循环。

加强生态环境教育，加强生态环境教育，提高公众的环保意识和环保素养，增强公众参与环保的积极性和主动性，共同维护生态环境的健康和稳定。

加强生态补偿，建立生态补偿机制，对生态环境保护做出突出贡献的单位和个人进行奖励和补偿，鼓励更多人参与到生态环境保护中来。

2. 培养生态环保的生产生活方式

倡导节约和低碳生活。个人可以通过在生活中注意节约用水、用电、用气等资源，推行低碳生活方式，减少消耗资源和排放的碳量，从而减轻对生态环境的负担。例如，可以选择使用环保产品、购买二手物品、减少塑料袋的使用等方式，实现节约和环保的目标。

倡导绿色出行。个人可以通过选择公共交通工具、步行、骑行等方式，减少对汽车的使用，降低汽车尾气排放和噪声污染，保护生态环境。例如，可以选择乘坐地铁、公交车等公共交通工具，或者购买电动车、自行车等环保出行工具。

加强环保意识教育。个人应该加强环保意识的提升，提高对生态环境保护的重视程度，树立保护生态倡导文明的理念，从而实现人与自然的和谐共处。例如，可以通过参加环保活动、加入环保组织、了解环保知识等方式，增强环保意识和参与意识，积极参与到环保活动中来。

推广绿色生产方式。企业可以通过采用清洁生产技术、提高资源利用效率等方式，减少对生态环境的污染和破坏，推广绿色生产方式，实现发展经济与保护生态的共赢。例如，可以通过减少污染物排放、提高能源利用效率等方式，实现清洁生产，减少对生态环境的负面影响。

建立生态环境保护体系。建立健全的生态环境保护体系，加大环境监管和执法力度，规范企业和个人的环保行为，促进生态环境保护和可持续发展。例如，可以建立环境监测体系、环保法规和标准、环保执法机构等，形成完整的生态环境保护体系。

关照居民身心健康，提高全民健康水平

健康是幸福生活最重要的指标，也是实现共同富裕的应有之义和基础保障。自党的十九大报告中提出"健康中国"的发展战略以来，我国为保障人民健康采取了许多措施，取得了丰硕成果。在迈向共同富裕的新征程中，要进一步采取措施，提高全体国民的身心健康水平。

1. 推广健康生活方式

鼓励人们戒烟限酒，通过立法和宣传等手段，加强对烟草和酒精的管控，鼓励人们戒烟限酒，减少吸烟和饮酒对健康的危害。例如，可以在公共场所设立禁烟、限酒区域，和禁止在公共场所吸烟和饮酒等。

推广健康饮食，通过宣传和立法等手段，推广健康饮食，引导公众选择健康的食品和饮品，如水果、蔬菜、全谷物等，避免过度摄入油脂、糖分等成分。

鼓励参加体育锻炼，应通过建设公共体育设施、开展体育活动等手段，鼓励人们积极参加体育锻炼，提高身体素质，增强身体免疫力，预防疾病。例如，可以开展户外健身、运动会、健身比赛等活动，吸引更多的人参加体育锻炼。

提高健康保障水平，加大对医疗卫生事业的投入力度，建设更多的医疗卫生设施，提高医疗卫生服务水平。同时，加强对公共卫生的管理和监管，预防和控制疾病的传播，保障人民的身体健康和财产安全。

2. 建设健康环境

加强环境监管，加强环境监管，加大对企业和个人违规排放污染物的处罚力度，防止环境污染对人民健康的影响。例如，可以建立环境监测体系，加强环保执法，加大环保执法力度，促进环境保护。

制定相关法规和行业标准，制定相关法规和行业标准，促进环境保护和健康生态环境的建设。例如，可以制定垃圾分类处理标准、大气污染排放标准、水质标准等，建立完善的环境管理体系，确保环境质量符合国家标准。

加强垃圾分类处理，加强垃圾分类处理，推广垃圾分类处理的技术和方法，加强对垃圾分类处理的宣传和教育，减少垃圾对环境的污染和危害。例如，可以设立垃圾分类处理站点，开展垃圾分类处理的宣传和教育活动，鼓励市民积极参与垃圾分类处理活动。

改善空气质量，加强大气污染治理，采取有效措施减少大气污染物的排放，改善空气质量，保障人民健康。例如，可以加强对污染企业的监管和治理，控制机动车尾气排放，推广清洁能源使用和低碳交通方式等，减少大气污染。

保障生态环境，加强对自然资源的保护和利用。例如，可以加强对自然保护区的建设和管理，加强对生态环境的监测和评估等，促进生态环境的建设和保护。

3. 增加医疗资源

加大医疗资源投入，加大医疗资源投入力度，增加医疗设施的建设和更新，提高医疗设备的质量和数量，以满足人民群众日益增长的医疗需求。例如，可以加强对医疗机构的投资和补贴，鼓励民间资本投资医疗设施的建设，提高医疗资源的供给能力。

增加医疗人员，加大对医疗人才的培养和引进力度，提高医疗人才的待遇和职业发展空间，吸引更多的医学专业人才从事医疗工作。例如，可以加强对医学教育的投资和支持，鼓励医学专业人才从事基层医疗工作，提高医疗人员的待遇和职业发展空间。

提高医疗服务水平，加强对医疗服务质量的监管和管理，推进医疗服务质量的评估和认证，提高医疗服务的质量和水平。例如，可以建立医疗服务质量评估机制，加强对医疗机构和医务人员的考核和监管等。

优化医疗资源配置，通过优化医疗资源配置，提高医疗服务的效率和效果，减少医疗资源浪费和重复建设。例如，可以建立医疗资源配置平台，优化医疗资源的分配和利用，提高医疗服务的效率和效果。

加强医疗保障，加强医疗保障，扩大和提高医疗保障的覆盖范围和质量，保障人民群众的医疗需求得到满足。例如，可以建立医疗保险制度，加大对医疗救助的投入力度，扩大和提高医疗保障的覆盖范围和质量。

4. 实施健康管理

建立健康档案，建立居民健康档案，记录个人的健康状况、体检指标、疾病诊断结果和治疗情况等信息，为个人健康管理提供基础数据支持。例如，可以在医疗机构建立居民健康档案，通过公共卫生信息系统实现健康档案的共享和管理。

建立个人健康管理服务体系，建立个人健康管理服务体系，提供健康咨询、健康监测、疾病预防和治疗等服务项目，为人们提供全方位的健康管理服务。例如，可以建立健康管理中心，提供健康咨询和管理服务，通过移动医疗、远程医疗等方式实现健康管理服务的便捷化和普及化。

加强健康监测和预警，加强健康监测和预警，及时掌握和分析疾病流行趋势和发展态势，采取有效措施预防和控制疾病的传播和流行。例如，可以建立健康监测和预警系统，加强对重大疾病的监测和预警，及时采取应对措施。

提高医疗服务的质量和效率，提高医疗服务的质量和效率，通过优化医疗服务流程、提高医疗服务效率、推广信息化医疗等方式，提高医疗服务的质量和效率，为人们提供更加便捷高效的健康管理服务。

5. 开展健康教育

加强健康教育的宣传和推广，加强对健康教育的宣传和推广，提高公众对健康教育的重视和参与度。例如，可以通过媒体和互联网等渠道，推广健康教育的理念和方法，宣传健康知识和技能，鼓励人们积极参与健康教育活动，提高和培养公众健康素养和健康观念。

提供多样化的健康教育服务，针对不同人群、不同年龄段、不同健康需求的人们，提供相应的健康教育服务项目。例如，可以开展儿童青少年健康教育、老年人健康教育、女性健康教育等专项健康教育活动，覆盖不同群体的健康需求。

提高健康教育的质量和效果，通过推广和普及科学的健康教育理念和方法，提高健康教育的实效性和针对性。例如，可以建立科学的健康教育课程体系，通过互动式的教学方法、现场演示和案例分析等方式，提高健康教育的质量和实效性。

加强健康教育师资队伍建设，加强健康教育师资队伍建设，提高健康教育师的专业素养和教学水平。例如，可以通过加强健康教育师的培训和考核，提高健康教育师的专业素养和教学能力，提高健康教育的教学质量和效果。

加强健康教育的监管和管理，建立对健康教育的评估和监督机制，确保健康教育的内容和质量符合标准和要求。例如，可以建立健康教育质量评估机制，加强对健康教育机构和健康教育师的考核和监管，提高健康教育的质量和效果。

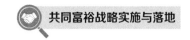

采取就业优先政策，夯实共同富裕根基

就业是实现共同富裕的重要前提和基础，是人民生活水平提高和社会进步不可或缺的关键因素之一。为了保障和改善民生，必须坚持以更充分、更高质量的就业为目标，不断丰富和强化就业优先政策，夯实共同富裕的根基。

1. 建立协同机制，促进就业高质量发展

建立健全政策协同机制。要将财政、金融、投资、产业、社会政策与就业政策衔接起来，形成互相配合联动的运行机制。要加强跨部门、跨行业、跨地区的协调，实现政策资源的整合和优化，确保政策的协调性、稳定性和可预见性。同时，还需要实施重大政策就业影响评估，制定相应配套措施和资金保障支持，预防劳动者失业致贫风险。

建立现代化经济体系。要支持一、二、三产业融合、传统制造业和服务业的数字化转型升级，加快推进产业链和供应链的扩展升级。要加强产业发展支持就业目标，促进就业和经济发展的良性循环。同时，还需要加强区域发展战略与就业联动，实施特殊类型地区就业促进行动规划，提高区域经济社会发展就业承载力，推动区域就业协调发展。

推进社会领域改革。要在提升社会治理能力中推进公共服务均等化，推进基层公共服务领域社会化、市场化改革。在推进社会领域改革过程中需要加强各部门之间的协同，实现政策、服务、管理等方面的共建共享。

2. 完善就业支持体系，促进充分就业

充分调动劳动者积极性。要提高就业机会的数量和质量，增强企业投资和招聘的信心，扩大就业支持体系的覆盖面和深度。同时，还要加强就业指导，增加职业培训和实习机会，提高其适应市场和企业实际需要的就业通用能力。

适应高校毕业生等青年就业特点和需求。要创造更多适合其就业的知识智力型、技术技能型岗位。

促进农村富余劳动力向非农产业和城镇转移就业。要扩大劳动者及其子女享受城镇教育、医疗、住房等公共服务范围，使农民工在城镇流动就业中逐步稳定下来。同时，要通过就业指导，提高非农产业和城镇人员适应市场和企业实际需要的就业通用能力。

3. 优化人力资源配置，提高劳动生产率

加强劳动力资源供给侧改革。这需要建立贯穿劳动者职业生涯的技能素质培训体系，促进劳动生产率提升。同时，建立人才需求动态监测分析体系，促进人才培养与产业需求的有机衔接，深入实施专业技术人员知识更新工程，推动技能型社会建设。这些措施都有利于提高劳动者就业创业能力，以更高的劳动生产率创造更多财富。

优化人力资源配置。这需要推进行业、区域均衡发展和缩小劳动力市场内部差距，更加合理配置人力资源，优化就业结构，并缩小城乡、区域、行业和劳动力市场内部结构之间的差距。这些措施能够更有效配置人力资源，提高劳动力资源匹配效率。

持续深入推进"大众创业、万众创新"活动，激发劳动者创业创富的内生动力，这是推动可持续就业发展的重要举措。要建立更加统一、公平、高效、规范有序的高标准人力资源市场，促进人力人才合理高效流动，提高劳动力资源匹配效率。同时，加强劳动力资源供给侧改革，也能够更好地支持"大众创业、万众创新"活动的开展。

4. 加强劳动保障法治建设，推动高质量就业

要加强劳动保障法律制度建设，拓宽劳动保障法律法规适用范围，为维护更多劳动者劳动保障权益提供法律保障。这需要不断完善相关法律法规，加强对劳动者权益的保护和监管，加大对违法用工的处罚力度，让违法用工者付出更高的代价。

要优化就业环境，加强就业权益保障。这需要加强公共就业服务管理，为求职者提供更加多样化、多层次、个性化的就业服务项目，同时加强对用人单位的监管，预防和打击各种形式的就业歧视行为。

提高劳动报酬水平，保障低收入劳动者合理分享经济社会发展成果。这需要加强工资集体协商制度建设，鼓励企业与工会开展自主协商，同时加强对企业工资支付情况的监管，保障劳动者的合法权益。

要建立完善的和更加充分更高质量的就业指标及统计监测体系，将充分就业和高质量就业的关键指标作为宏观调控的重要指标，并纳入政府考评和地方发展评估机制之中。同时，要推广多种形式的灵活就业，促进新业态、新模式的发展，以适应经济转型升级的需求，提高劳动者的就业质量和满意度。

第十二章
走向共同富裕优秀案例

　　走向共同富裕是中国特色社会主义的重要目标之一，也是全国人民的共同愿望。在实现这一目标的过程中，各地区、各行业都涌现出了许多优秀的案例。本章列举一些典型的案例，以期能够为大家提供一些启示和借鉴。

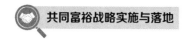

河北邢台实施"乡村振兴"战略

河北省邢台市于 2020 年制定了乡村振兴任务书,旨在全面推动当地农村的发展,通过统筹产业、人才、文化、生态和组织五个方面的振兴,积极推进科技、品牌、质量和绿色四个方面的农业发展,加快实现农业全面升级和农村全面振兴。为此,该市制定和出台了一系列政策,明确了打造乡村振兴示范区的总体思路、主要目标和重点任务,取得的成果显著,有力推动了当地农村经济和其他方面的发展。

在产业振兴方面,邢台市积极推进农业供给侧结构性改革,加快培育新型经营主体,推动农业向特色化、品牌化、绿色化方向转型升级。同时,还积极发展休闲农业、乡村旅游等产业,促进农村经济多元化发展,提高农民收入水平。

在人才振兴方面,邢台市采取多种措施,吸引和培育乡村人才。比如,加强对乡村人才的培训和引导,支持农村优秀青年返乡创业,鼓励大学生到农村工作和创业。这些措施帮助和加强了乡村人才队伍建设,有力推动了当地经济社会发展。

在文化振兴方面,邢台市致力于挖掘和保护乡村文化遗产,建设具有地方特色的文化景观和文化产业。同时,还积极推进文化惠民工程,加大对农村文化事业的投入力度,促进农村文化建设和发展。

在生态振兴方面,邢台市注重生态环境保护和修复,推进生态文明建设。如加强水土保持、防沙治沙等,改善生态环境质量,提高农村生态环境的可持续发展能力。

在组织振兴方面，邢台市加强基层组织建设，推进乡村治理体系和能力现代化。注重加强村级组织建设，提高农民自治和管理水平，推动农村社会治理体系和能力现代化。

乡村振兴旨在通过多种途径，促进农村经济社会发展，提升农民群众生活水平，推动城乡一体化发展。河北省邢台市的"乡村振兴"战略为我们提供了有益的经验和启示。乡村振兴战略要真正落地实施并取得成效，必须注重打造人才绿色通道、优化产业结构振兴乡村产业、健全乡村保障体系与管理体系、基层党组织引领乡村振兴。

山东青岛实施"海洋经济"战略

在过去的"十三五"时期，青岛市在海洋产业、海洋港口、海洋科技、对外开放、海洋生态、海洋文化等领域取得了全面发展。海洋经济的年均增速达到了 15.6%，高出全国平均水平 8.9 个百分点。自 2022 年以来，青岛市海洋发展局将海洋作为高质量发展的战略要地，加快打造引领型现代海洋城市。

为实现这一目标，青岛市制定了《青岛市支持海洋经济高质量发展 15 条政策》，这是青岛市出台的第一部精准支持海洋经济发展的综合性产业政策。该政策在全国范围内具有领先性和开创性，为助力引领现代海洋城市建设提供了政策支撑和要素支持。

该政策提出了多条具体的支持措施，将有助于青岛市在海洋经济高质量发展的道路上取得更大的突破。其核心内容包括：一是推动海洋传统产业转型升级，支持现代渔业、航运服务业等传统产业的转型升级发展，提高产业竞争力；二是促进海洋新兴产业突破发展，着力发展高端船舶与海工装备、海洋生物医药、海水淡化、海洋新能源等战略性新兴产业，为海洋经济注入新动力；三是强化海洋人才集聚与科技创新：加大海洋人才集聚和培育力度，开展人才评树行动，实施海洋科技创新示范工程，提升创新能力；四是加快涉海市场主体培育壮大，推出海洋产业倍增计划和冠军企业倍增计划，围绕国际对外合作、设立海洋产业基金、强化项目保障等领域提出扶持政策，营造有利于企业发展的环境。

青岛市通过"海洋经济"战略，推动了当地经济的快速发展，也为全国的经济发展做出了重要贡献。通过制定《青岛市支持海洋经济高质量发展 15 条政策》，该市加快推进海洋产业转型升级和新兴产业的发展，提高海洋产业发展的质量和效益。政策措施的实施将为青岛市海洋经济的持续发展提供强有力的支持，带动当地经济的快速发展，也为全国海洋经济的发展提供了经验和启示。

四川成都实施"文化旅游"战略

成都市在实施"文化旅游"战略的过程中，将"休闲之都"确立为城市品牌，为城市文化旅游注入了灵魂，成都的文化休闲度假产品逐渐走向规模化、产业化、精品化。此外，成都还在逐渐构建一个囊括多个方面的大旅游产业格局。成都的每一条街道、每一幢楼房、每一个人都成为这个大景区的一道风景。成都市还整合了社会旅游资源，让所有能够动员的社会资源纷纷行动起来，全民参与，全民受益。成都市实施"文化旅游"战略，通过加强文化旅游资源开发，推动了当地经济的快速发展，并为全国的经济发展做出了重要贡献。

在成都市的"文化旅游"战略中，休闲度假产业成为重要的发展方向。成都市将都江堰 – 青城山确定为"国际休闲度假旅游区"；邛崃则定位为"文君故里，休闲天堂"；西岭雪山、龙门山等也成了成都的休闲度假旅游产品。通过这些举措，成都的文化休闲度假产品逐渐规模化、产业化、精品化，成为成都市的特色产业。

成都市不仅仅注重休闲度假产业的发展，同时也在逐渐构建一个囊括多个方面的大旅游产业格局。在这个过程中，成都市也实现了旅游业与其他产业之间的良性互动，促进了当地经济的快速发展。

成都市的"文化旅游"战略不仅推动了当地经济的快速发展，也为全国的经济发展做出了重要贡献。通过加强文化旅游资源的开发，成都市吸引了大量的游客和投资，提高了当地的知名度和美誉度。它为其他城市提供了经验和启示，表明通过发展文化旅游产业，城市可以实现快速经济发展。

江苏南通启动"百企帮百村"行动

江苏省南通市启动了"百企帮百村"行动，各企业不断为村庄提供资金、技术和市场，通过扶持特色产业帮助村庄挖掘新的增收点。企业的大力支援极大提升了村庄产业水平和收入，有力助推脱贫攻坚进程。

例如，农业农村局与苏洪农业公司共同支持三南村，投资 50 万元建设 400 亩水果园，并通过电商平台让村民销售 2000 多万元农产品，明显

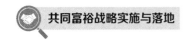

提高了村民收入；裕达养殖有限公司为联同村提供 10 万元修路和 80 万元建设 35 亩养鸡场，助力村庄发展；中联世纪建设集团投入 60 万元支持安渡村提升管理设施，市场监督管理局和相关企业投资约 60 万元帮助货隆村建设 6000 平方米文化广场；中南控股集团出资 1600 余万元，建 110 亩大棚提供就业，项目完成后带动了周边 50 多户村民实现家门口就业，每年增加营收 50 万元。

江苏省南通市的实践证明，实现村企联建可持续发展，需要在资金、信息、人才等方面切实找准联结点，力求合作共赢。通过企业和村庄的共同发展，南通市推动了当地的脱贫攻坚工作，取得了显著的成效。同时，这种模式也为其他地区提供了有益的借鉴和参考，表明通过企业的帮扶，可以实现村庄和企业的共同发展，推动当地经济的快速发展。

广东深圳实施"创新驱动发展战略"

作为科技之城、创新之城，深圳市一直将创新作为城市发展的主导战略。在党的二十大报告提出实施创新驱动发展战略后，深圳实施"创新驱动发展战略"，将积极地推动科技创新和人才引进，加快构建全过程创新生态链，推进产业转型升级和高质量发展。

深圳市工程生物产业创新中心是深圳推动创新驱动发展的重要载体之一。该中心采用了首创的"楼上创新楼下创业综合体"模式，被国家发改委列入 47 条全国推广的深圳经验之一。已经孵化器和后续拓展园区吸引落地企业 32 家，毕业企业 12 家。该模式通过将创新和创业融合在一起，促进了科技成果的产业化和商业化，吸引了大量的企业入驻，带动了当地经济的快速发展。

除此之外，深圳还立足当下，加强了企业主导的产学研深度融合，前瞻布局"20+8"战略性新兴产业集群和未来产业。同时，深圳不断完善全过程创新生态链，为科技创新提供更好的环境和支持。在河套深港科技创新合作区，香港科学园深圳分园将为科创人才提供资源、培训和交流的平台，推动更多的科技成果转化为实际的生产力。

深圳市在实施"创新驱动发展战略"中取得了显著的成效，为全国的经济发展做出了重要的贡献。抓创新就是抓发展，谋创新就是谋未来。深圳将继续发挥全过程创新生态链的整体效应，强化企业创新主体地位，推进产业转型升级和高质量发展，为建设具有全球影响力的科技和产业创新高地不断努力。

浙江建设"共同富裕示范区"的做法

自 2021 年 5 月党中央、国务院印发《关于支持浙江高质量发展建设共同富裕示范区的意见》以来，浙江省在重点领域改革的带动下，以共同富裕示范区建设为目标，制定并实施了《浙江高质量发展建设共同富裕示范区实施方案（2021–2025 年）》，旨在通过理论创新、实践创新、制度创新、文化创新等方面的努力，推动实现共同富裕的高质量发展，打造共同富裕的"改革高地"。

浙江省在共同富裕示范区建设中采取了三个方面的措施。其一，坚持以党建为引领，推动"共富工坊"建设，为农村地区提供就业和增收机会。目前，全省已建成 5599 家"共富工坊"，共吸纳 27.8 万名农民就

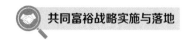

业，人均月增收约 2600 元，年增收约 87 亿元。其二，全面实施"亩均论英雄"改革，通过综合评价企业亩均效益和差别化配置资源要素，推动资源要素向优质高效领域和优质企业集聚，实现效益最大化和效率最优化。2022 年，浙江省规上工业亩均税收和亩均增加值分别达到 34.8 万元和 176.9 万元，制造业呈现高质量发展态势。其三，大力实施数字经济"一号工程"，开展五年倍增行动，形成一批具有浙江特色的标志性成果，成为浙江高质量发展的"金名片"。2022 年，浙江省数字经济增加值占 GDP 比重和数字化综合发展水平均居全国第一。

以上三个方面的做法，是浙江省在共同富裕示范区建设中的重要举措。通过这些努力，浙江省正推动高质量发展与共同富裕的实现，为全国提供了可借鉴的经验。

广西南宁以"旅游经济"带动城市经济

南宁市是一个旅游资源丰富的城市，其青秀山、南湖宫等多个景点深受游客喜爱，是中国旅游经济的代表城市之一。南宁市通过发展"旅游经济"，成功地加快了城市经济的发展速度，成为一个值得学习的样板。

根据《（广西）2022 年南宁市国民经济和社会发展统计公报》，2022 年南宁市全年共接待游客 1.16 亿人次，实现旅游总收入 1278.63 亿元。南宁市的旅游业发展迅速，为当地经济发展做出了重要贡献。同时，南宁市的旅游业还为就业创造了不少机会，吸纳大量的人才和劳动力，促进了城市的人口流动和就业市场的繁荣。

除了旅游业，南宁市还在文化、教育、科技等方面下功夫，提高整个城市的文化软实力和创新能力，为经济发展提供更广阔的空间。南宁市拥有独特的山水胜景和文化底蕴，可以吸引更多的游客前来旅游和消费，从而进一步促进当地的经济发展。同时，南宁市还注重加强与周边城市和地区的合作，拓宽市场和合作机会，实现共赢发展。

南宁市的旅游业取得了显著的成就，为当地经济发展做出了巨大的贡献。南宁市先后荣获联合国人居奖和全国文明城市、国家生态园林城市、国家卫生城市、国家森林城市、中国优秀旅游城市等称号。由此看来，南宁市还有很多潜力和机会可以挖掘，希望南宁市能够继续发扬优势，不断创新，实现更高水平的经济发展。

夏潭村通过搭建三大平台推进乡村振兴

位于江西省赣州市赣县区五云镇的夏潭村，其村党支部在乡村振兴战略的指引下，积极开展乡村产业振兴、生态振兴等工作的同时，还精心开展了一系列以人为核心的新时代文明实践活动，有力地推动了乡村人才振兴、文化振兴、组织振兴。

夏潭村通过搭建理论政策"讲台"，让村民党员担当"讲师"，推进乡村组织振兴；通过搭建荣誉表彰"奖台"，让优秀村民成为"明星"，推进乡村人才振兴；通过搭建文化休闲"舞台"，让妇女儿童乐做"主角"，推进乡村文化振兴。这些活动不仅提升了村民的参与感和幸福感，还加强了村民之间的凝聚力和组织力，推动了乡村产业、生态、文化等多方面的协调发展，为乡村振兴注入新的动力。

夏潭村的乡村振兴实践，为其他地区提供了重要的借鉴和启示，拓宽

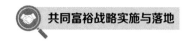

了乡村振兴的思路和路径。在未来的发展中，夏潭村可以更加注重科技创新和人才引进，提升乡村产业的技术含量和发展水平，进一步推动乡村振兴的发展。同时，夏潭村还可以加强与周边地区的合作，实现资源共享和优势互补，为乡村振兴注入更多的活力和动力。

湖北武汉通过创新推动当地经济快速发展

湖北武汉将学习贯彻党的十九届五中全会精神转化为实际工作行动，坚定不移地实施创新驱动发展战略，充分发挥科教优势，加强源头创新、推进产业创新、深化科技体制机制改革，加快建设全国科创中心城市。这些举措得到了实际的效果，为当地经济的快速发展做出了重要贡献。

武汉经开区与院士在智能网联汽车、数字经济领域展开合作，为当地产业发展注入新的活力。东湖高新区在新型显示和医药领域获得突破性的源头创新成果，为当地产业的发展奠定了坚实的基础。同时，武汉还推动新兴产业的发展，加快打造千亿氢能产业集群，推动科技成果转化，中科院超声波检测仪市场占有率超过四成。这些举措不仅为当地经济的发展提供了强大的支撑，也为全国的经济发展做出了重要的贡献。

在未来发展中，武汉可以继续加强源头创新、推进产业创新、深化科技体制机制改革，不断提升科技创新能力和转化效益。同时，还可以加强与其他城市合作，推动共赢式发展。

河南信阳注重精准脱贫，推行多种扶贫模式

河南省信阳市自脱贫攻坚战打响以来，将精准脱贫融入产业发展，通过推行多种扶贫模式，让贫困人口因此走上了致富奔小康的快车道。

潢川县通过"优势产业＋基地＋贫困户"模式带动农业增效、农民增收。光山县南向店乡通过"本土资源＋平台支持＋贫困户"的模式，每户年均增收 1.6 万元。息县濮公山管理区通过"易地搬迁＋产业培育＋贫困户"的模式，把扶贫车间建在安置小区内，解决了大量无法外出务工的农村劳动力收入低的问题，满足了贫困群众在家门口就业的愿望。信阳还通过大力实施"巧媳妇＋"工程、增加公益性岗位和建立电商培训和实训基地等方法，探索"公益产业＋公益岗位＋贫困户"和"电商＋培训＋贫困户"等产业扶贫模式，解决留守妇女、留守老人、残疾青年等弱势群体在家门口就业的难题，引导他们通过自食其力脱贫致富。

信阳市还通过举办各种旅游、文化、经贸活动，吸引人流、物流、资金流向信阳聚集，青山绿水成了淌金流银的"金银山"。这些措施为当地经济的发展注入了新的活力，也为贫困地区的脱贫致富提供了新的途径。

信阳市可以继续加强产业扶贫、教育扶贫、健康扶贫等多种手段，积极探索新的扶贫模式，不断提升贫困地区的发展水平和人民的获得感。

值得一提的是，信阳西河景区是一处集休闲、旅游、观光于一体的国家级 AAAA 景区，同时也是国家级自然保护区和地质公园，还被列为国家130 条红色精品旅游线路之一。是信阳毛尖高山绿茶的原产地，也是豫南

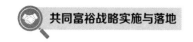

高山峡谷第一漂的景点之一。因此，信阳市还可以继续推进旅游、文化、经贸等领域的发展，吸引更多的人流、物流、资金流向信阳聚焦，为当地经济的发展注入更多的活力和动力。

新川村通过村企共建走上村强民富发展之路

位于浙江省湖州市长兴县煤山镇的新川村，曾经是一个地处长兴山区的贫困村庄。20 多年前，由于当地区域狭窄、人多地少，村民的生活相对贫穷，新川村曾因盲目发展，陷入了"环境让步于经济"的困境。环境污染严重，影响了当地村民的工作和生活。2004 年，新川村党支部果断决定关停污染矿山，淘汰落后产能，加快推进工业转型升级，优化调整产业结构，关停了全部小石矿和部分耐火材料厂、铅蓄电池厂，坚持走上产业发展、以工哺农、村强民富的发展之路。在这一过程中，从新川村走出的企业天能集团发挥了至关重要的作用。天能集团和新川村开展村企共建，通过做强产业集群带动村民致富。通过技术帮扶、资金支持、就业支撑等多种途径，引导新川村村民参与到村级资源开发和配套服务企业的致富新途径中。

2021 年，天能集团和新川村合作成立了 3 家村企合办的"共富公司"，村民拿分红、公司再投资，让村民在家门口就可以实现文旅创富、投资创富。2022 年，新川村集体经济收入达到了 885.48 万元，村民人均可支配收入超过 15 万元，实现了由贫困村庄到幸福和谐的转变。

这由此可见，一个贫困的村庄也可以通过正确的发展路径和企业的帮助而实现脱贫致富。新川村通过关停污染矿山，优化调整产业结构，引进企业和技术，利用产业集群带动村民致富。企业通过多种方式支持村民，如技术帮扶、资金支持、就业支撑等，让村民参与到村级资源开发和配套服务企业的致富新途径中。这些方法为当地经济的发展注入了新的活力，也为贫困地区的脱贫致富提供了新的途径，成为一个成功的示范案例。

丹寨县将茶产业作为"一县一业"战略优先发展

位于贵州省东南部的丹寨县，因其得天独厚的生态环境被选为发展生态有机茶叶的天选之地。2021 年，丹寨县将茶产业作为全县"一县一业"的优先发展方向。为此采取了一系列有力的措施，助力当地茶叶行业的发展。

丹寨县通过党建引领，采取"公司＋合作社＋农户＋基地"的方式，在茅草坡上新栽种茶叶，让老百姓在这里找到了致富的新门路。丹寨县政府聚焦延伸产业发展链条，打造加工端的茶叶，让老百姓的腰包更鼓了，发展茶产业的信心更足了。丹寨县采取多措并举拓展茶叶渠道，为建档立卡户的分红收入和村集体经济的资金收入提供了更多的渠道，让群众端稳了"金饭碗"。丹寨县政府还积极挖掘特色，打造一条高端化、标准化、规范化的品牌发展道路，以旅兴茶，以茶促旅，大大提高了丹寨茶叶的知名度。

通过这些方法的实施，丹寨县的茶叶产业得到了长足的发展。这不仅为当地的经济发展注入了新的活力，也为其他地区的脱贫致富提供了经验。而丹寨县的茶叶品质得到了提升，同时也为当地旅游业的发展提供了新的动力。丹寨县茶叶的"金名片"愈加亮眼，相信随着时间的推移，丹寨县的茶叶产业发展将会更加壮大，为当地群众带来更多的福祉。

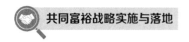

后 记

在本书中，笔者针对共同富裕战略的理论和实践进行了深入研究，探讨了共同富裕的内涵、实现路径和实践经验，总结了一系列推进共同富裕的政策措施和实践成果。

共同富裕是一项系统工程，需要政府、企业、社会组织、个人等各方携手、共同奋斗，各尽所能、各尽其责。政府需要为全体人民创造更加公平的发展机会；企业应发挥其产业、人才、渠道等优势，在推进共同富裕中发挥更大作用；个人的辛勤劳动应体现推动"先富带后富、帮后富"之中；社会组织在推进共同富裕的过程中大有可为。其中，中国民营科技实业家协会共同富裕工作委员会就是其中之一，它致力于充分发挥自身作为政府与行业企业之间的桥梁和纽带作用，为此将加强党建引领，努力成为核心价值观的推动者；大力提升专业水平，努力成为政府民生领域的重要补充；广泛动员社会资源，努力成为第三次分配的重要力量等。

未来，共同富裕战略的实施和落地将面临更加复杂和严峻的挑战，因此需要社会各界不断地创新和探索，推动共同富裕战略不断深入发展。应当坚持以人民为中心的发展思想，不断提高人民的获得感、幸福感和安全感，为实现中华民族伟大复兴的中国梦做出贡献。

最后，特别感谢江俐兵先生和他的团队，他们为本书的出版和研究工作做出了重要的贡献。同时，也衷心感谢各位读者的持续支持和关注！

参考资料

1. 习近平 . 论把握新发展阶段、贯彻新发展理念、构建新发展格局 [M]. 北京：中央文献出版社，2021:479.

2. 习近平 . 论把握新发展阶段、贯彻新发展理念、构建新发展格局 [M]. 北京：中央文献出版社，2021:471.

3. 习近平 . 论把握新发展阶段、贯彻新发展理念、构建新发展格局 [M]. 北京：中央文献出版社，2021:472.

4. 习近平 . 论把握新发展阶段、贯彻新发展理念、构建新发展格局 [M]. 北京：中央文献出版社，2021:39.

5. 中共中央文献研究室编 . 习近平关于社会主义经济建设论述摘编 [M]. 北京：中央文献出版社，2017:187.

6. 习近平 . 论把握新发展阶段、贯彻新发展理念、构建新发展格局 [M]. 中央文献出版社，2021:522.

7. 宁吉喆 . 构建初次分配、再分配、第三次分配协调配套的制度体系 [J] .《人民日报》，2022.

8. 邢杰、赵国栋、徐远重、易欢欢、余晨 . 元宇宙通证 [M]. 中译出版社 .2021.